Biblioteca de Derecho Penal y Procesal Penal

Carlos Pérez del Valle
(Director)

Carlos Antonio Agurto Gonzáles
Sonia Lidia Quequejana Mamani
Benigno Choque Cuenca
(Coordinadores Generales)

PAUL BOCKELMANNN
Cátedra de Derecho Penal, Derecho Procesal Penal y Criminología
de la Universidad de Múnich
(Alemania)

RELACIONES ENTRE AUTORÍA Y LA PARTICIPACIÓN

Edición al cuidado de
Carlos Antonio Agurto Gonzáles
Sonia Lidia Quequejana Mamani
Benigno Choque Cuenca

Ediciones Olejnik

Título: Relaciones entre autoría y la participación

© Paul Bockelmann

Traducción de Carlos Fontán Balestra,
con la colaboración de Eduardo Friker

© Ediciones Olejnik
Huérfanos 611, Santiago - Chile
E-mail: contacto@edicionesolejnik.com
Web site: http://www.edicionesolejnik.com

Primera edición en Ediciones Olejnik: 2020

ISBN: 978-956-392-833-4

Diseño de Carátula: Ena Zuñiga
Diagramación: Luis A. Sierra Cárdenas

Impreso en Argentina 2020 Printed in Argentina

ÍNDICE

LA AUTORÍA Y PARTICIPACIÓN EN LA HISTORIA

Raúl Pérez Sánchez

LA AUTORÍA Y SUS FORMAS

LA AUTORÍA Y PARTICIPACIÓN EN LA HISTORIA

Raúl Pérez Sánchez

Evolución doctrinaria universal

Siempre que queremos conocer sobre algo, necesariamente debemos iniciar con su origen, ello con el objetivo de tener una idea más clara respecto a sobre qué trata el fenómeno que deseamos estudiar, y es por ello que en nuestro caso lo hacemos con la presentación de las teorías que giran en torno a la autoría y participación.

Estas teorías constituyen la base sobre la cual se toman los criterios válidos del dominio del hecho. Las tomas de posición doctrinales relativas a la delimitación entre autoría y participación son inabarcablemente numerosas; por eso nos limitaremos a las opiniones que han ejercido mayor influencia y siguen ofreciendo en la actualidad puntos de partida útiles para resolver el problema que nos ocupa teniendo en cuenta principalmente a los autores más representativos de cada posición.

Con ese propósito manifiesta Roxin «se trata de situar las distintas concepciones en relación con el estado actual de la doctrina de la autoría, de resaltar los contenidos que perduren en la actualidad y de hacer que resulten fructíferas para una resolución propia»[1].

En tal sentido iniciaremos con el estudio de las teorías previas al dominio del hecho.

Teoría objetivo-formal

Está concepción considera -atendiendo a su núcleo y al margen de sus variantes- autor a aquel que ejecuta por sí mismo total o par-

---

[1] Roxin Claus, *Autoría y dominio del hecho en Derecho Penal*, Marcial Pons, Ediciones Jurídicas y Sociales S.A., Madrid 2000, Barcelona, Séptima Edición, pág. 53.

cialmente las acciones descritas en los tipos de la parte especial; todos los demás son solo inductores o cómplices[2], nuestro manual de Derecho Penal claramente dice que es autor quien ejecuta la acción punible, es decir, aquel que realiza la acción típica, los demás son participantes»[3].

La misma idea es replanteada por Enrique Bacigalupo: «Autor es el que realiza un comportamiento que tiene exteriormente la forma de la acción típica o por lo menos de una parte de la misma»[4].

Esta teoría recibió su nombre de Birkmayer, pero de hecho es bastante más antigua. Ya en el siglo XIX contaba con numerosos defensores y fue ganando terreno hasta convertirse en teoría dominante entre 1915 y 1933. Le dieron renombre los grandes dogmáticos como Beling Máx. Ernest Mayer y Liszt, así como la propugnaron expresamente numerosos penalistas como Wegner, Zimmerl, Hweler, Rosenfeld, Granthut y Gratzu Doha.

En la actualidad sigue prevaleciendo en Austria, Francia y en el espacio jurídico anglo-americano.

A pesar de este declive vinculado al surgimiento de la teoría del dominio del hecho, la teoría objetivo-formal presenta ventajas muy notables. Porque evita los defectos del planteamiento causal.

Está concepción se denomina «objetiva» sin razón; precisamente «porque tiene en cuenta, del modo más amplio, el elemento subjetivo-final»[5].

Consigue captar acciones vivas en el lugar de pálidas abstracciones, y se revela como precursora inmediata de la teoría del dominio del hecho.

Beling, es considerado como principal defensor de esta teoría. Obviamente «la teoría objetivo-formal también presenta puntos flacos que impiden hoy asumirla sin modificaciones. El defecto más claro consiste en su incapacidad para explicar el fenómeno de la autoría mediata»[6]. Muchos partidarios suyos han intentado arreglár-

---

[2] Op. cit., Roxin, Claus, pág. 54.

[3] Trejo, Alberto, *Manual de Derecho Penal. Parte General*, Centro de Investigación Capacitación Proyecto de Reforma Jurídica, Capítulo IX, pág. 440.

[4] Bacigalupo, Enrique, *Lineamiento de la Teoría del Delito*, 3ª edición, Lameratoni, Edición, pág. 165.

[5] Op. cit., Roxin, Claus, pág. 55.

[6] Op. cit., Roxin, Claus, pág. 56.

selas sin esta figura jurídica, y resolver de *lege ferenda* la penosa laguna de casos merecedores de punición limitando con ello la accesoriedad. También combate la equiparación entre inducción y autoría mediata; pero cuando señala que la autoría mediata no supone problema alguno porque el lenguaje común no vacila en afirmar que «aquel que se ha servido de otro como instrumento ha matado, hurtado, etc., sacrifica el principio básico de la teoría objetivo-formal, es imposible fundamentar correctamente sobre la base de esta teoría, pues el lenguaje común permite llamar asesino a aquel que hace matar a su enemigo por medio de un asesino a sueldo, aquí y en otros supuestos análogos la teoría objetivo-formal niega la autoría.

Claus Roxin resume que la fortaleza de la teoría objetivo-formal reside en que entiende el hecho individual en su totalidad como acción con sentido social, situando a aquel que ejecuta por sí mismo, como autor, en el centro de su consideración[7]. Sus defectos consisten en que desde su punto de partida no cabe entender la autoría mediata y que en el tratamiento de la coautoría se llega a aun deshilachamiento (absurdo e insatisfactorio incluso por resultado) de un proceso unitario en actos individuales sin relación entre sí.

Teorías objetivos - materiales

Bajo está dominación se reúnen, como conexión con Birkmeyer, las teorías basadas en las diferencias causales, y también aquellas orientadas en lo material y predominantemente en criterios objetivos.

Teoría de la necesidad de la aportación causal (teoría de la necesidad)

Se trata de una idea muy antigua, nunca olvidada del todo y que sigue apareciendo una y otra vez hasta la actualidad, manifestando que «al que realiza una aportación imprescindible al hecho, sin la cual éste no se habría podido ejecutar hay que equiparlo al que ejecuta el hecho de propia mano»[8].

Feuerbach distinguió entre autores y cómplices en función de que hubieran aportado una causa principal o accesoria, incluyendo en el concepto de autor al llamado «cómplice principal» que contri-

---

7 Op. cit., pág. 57.
8 Op. cit., Roxin, pág. 58.

buye al hecho despejando obstáculos, sin lo cual a los demás les hubiera resultado imposible cometer el delito.

Está distinción era en antaño muy común y se impuso en numerosas codificaciones. Asimismo afirmó su posición durante mucho tiempo en los tratados procedentes de mediatos del siglo pasado. Todavía en 1895 señala Bener se tomaba como cómplice principal a aquel cómplice que aporta un auxilio sin el cual, como él sabe, el delito no se habría podido ejecutar; por lo que se le podía tratar como coautor según la doctrina.

De entonces acá la teoría del cómplice principal no ha desempeñado ningún papel importante; solo Von Bar la asumió una vez más situándola en el centro de su delimitación en 1907. Pero su idea principal nunca se ha olvidado.

Hay autores que toman esta teoría como el eje de su delimitación pero con algunas variantes, tal es el caso de Baumgarten, que al margen de sus predecesores dice que autor es «aquel cuya acción no puede suprimirse mentalmente sin que la comisión del delito quede cancelada para siempre jamás; cómplice aquel que, omitiendo su acción, solo habría conseguido que el delito no se hubiera cometido en cuanto a momento y circunstancias de detalle, tal como se cometió[9].

Más tarde vuelve a aparecer la idea en Kohlraush al desarrollar la concepción de que uno es autor en la medida en que su acción iba dirigida internamente al resultado y fue unida a la conciencia de lo imprescindible que era para éste ahí se abre paso bajo ropaje subjetivo, la teoría de la necesidad.

«Esta teoría coincide ampliamente con los criterios preeminentes para la doctrina del dominio del hecho hoy dominante»[10]. Cuando aquí por ejemplo se caracteriza al autor por tener en sus manos el curso del acontecer típico o porque su programa pone en sus manos el resultado.

El punto de partida obtenido de esta manera seguirá siendo esencial para nuestra concepción y es que mientras, la teoría objetivo formal fracasa en la coautoría, por escindir el hecho ejecutado conjuntamente en actos individuales sin relación entre sí, esta teoría parte precisamente de la interconexión necesaria de las acciones de cooperación.

---

9 Citado por Roxin, op. cit., pág. 58.
10 Ibid., pág. 60.

Sin embargo, la teoría de la necesidad resulta inútil como criterio general de delimitación, debido a su punto de partida causal, metodológicamente incorrecto, pues será pura causalidad que coincidan en todos los supuestos la existencia o ausencia de causalidad necesaria, en el sentido de esta teoría, con las diferencias de significado jurídicamente determinantes, «de ningún modo vinculadas a la categoría de la causalidad[11] y de hecho ese es el caso. Ni el coautor tiene que haber realizado siempre una aportación causal necesaria ni aquel que la ha realizado es en todo caso coautor. Por último podemos decir que el ámbito de aplicación de esta teoría se limita a la distinción entre coautoría y complicidad, no sirviendo para distinguir la autoría, la autoría mediata y la inducción. Si, por ejemplo, alguien persuade a otro para que cometa un delito, a lo que el autor no habría llegado motu propio, no pasa de ser inductor, aunque haya aportado una condición necesaria.

Teoría de la cooperación anterior y simultánea al hecho («teoría de la simultaneidad»)

La distinción entre concursus antecedentes, concomitans y subsequens, esto es, entre participación previa, simultánea y posterior. Tal teoría fue puesta de relieve por los juristas italianos del medioevo y aplicada profusamente en el Derecho común junto a otros criterios de distinción. Acá lo importante es que se consideraba a la cooperación durante el hecho como forma de participación especial, comparable a la actual coautoría, mientras que la cooperación previa a la ejecución coincidía aproximadamente con el concepto moderno de complicidad. En tal sentido, estás distinciones se encuentran con mucho frecuencia hasta la primera mitad del siglo pasado.

Aún impera en el Derecho angloamericano, donde pervive hasta hoy la clasificación (transmitida por la jurisprudencia medieval italiana) «en auxilio previo, simultáneo y posterior al hecho, distinguiéndose, junto al principal first degree, que ejecuta personalmente la acción típica, el llamado principal in the second degree y el accesory before the Fac... Por principal in the second degree, se entiende al sujeto que no comete el delito criminalmente, pero que si está presente cuando éste se comete y auxilia al principal in the first degree mientras que el accesory before the Fac; es la persona que

---

[11] Ibid, Roxin, pág. 60.

está ausente cuando se comete el delito, pero solicita, aconseja, ordena o instiga a otro para que lo cometa»[12]. Así pues el principal in the second degree coincide con el coautor de la doctrina alemana referida y el accesory before the Fac. Comprende al inductor y al cómplice.

Esta Teoría de la Simultaneidad sigue teniendo importancia para el derecho alemán actual. No es que el que actúa con anterioridad a la ejecución del hecho tenga que ser menos merecedor de pena o menos peligroso. «El mayor valor de esta teoría reside más bien en que puede asumir los principios fructíferos de las teorías objetivo-formal y de la necesidad sin recurrir en su unilateralidad[13].

Con la teoría objetivo formal coincide en que sitúa en el centro de la delimitación a los partícipes directos puramente del hecho. Pero no se ata al criterio puramente formal de tener que realizar un elemento típico, sino que entiende el concepto de la «ejecución conjunta» de una manera que da cuenta mucho mejor de su significado que la cooperación simultánea y concorde en la comisión del hecho.

Fuchs citado por Roxin decía al referirse a la delimitación temporal la ejecución es totalmente independiente de la voluntad del partícipe, a pesar de su actividad anterior al hecho, al final depende únicamente de la voluntad del autor que el delito se cometa y que la lesión del bien jurídico se produzca o no.

Teoría de la causalidad física y causalidad psíquica

Esta es una teoría que sigue apareciendo con múltiples variantes en la historia de las teorías de la participación, «distingue entre autores y partícipes en función de que la cadena causal puesta en marcha haya conducido al resultado directamente o solo a través de la acción independiente de otro»[14].

En el primer caso se da autoría; en el segundo participación. Feuerbach, siguiendo esta delimitación, «distingue eficacia directa e indirecta de la acción y señala la acción surte efecto directamente cuando la lesión del bien jurídico es el objeto inmediato de su eficacia, cuando es a la propia lesión del bien jurídico inmediatamente...

[12] Cross-Jones, *An Introduction to Criminal Law*, 2ª ed., 1949, pp. 63-65. Citado por Straub, *Täterschaf and Teilnahme*.

[13] Op. cit., Roxin, Claus, pág. 63.

[14] Ibid., Roxin, pág. 65.

a la que se dirigen todas sus manifestaciones»[15]. Surte efecto indirectamente cuando el objeto inmediato de la eficacia no es la propia lesión del bien jurídico. El sujeto de aquella acción se llama autor del delito... el de esta partícipe. Este tipo de distinciones es frecuente en la ciencia penal del siglo XIX.

Arnold Horn citado por Roxin en su monografía sobre conceptos de causalidad y de efectividad parte de un concepto de causa natural. Causante y por tanto autor; es el que aporta una condición que realiza el resultado directamente y no solo a través de otro; la actividad del partícipe, por el contrario, es aquella que antes de la resolución del autor sobre si va a servirse de ella, se detiene causalmente, no pudiendo saltarse la voluntad de éste.

Hasta aquí su teoría coincide con las ya mencionadas, pero diverge de ésta al hablar de una ampliación del concepto de causalidad natural por efecto de la voluntad, enseña que la imagen causal se modifica por medio de la intervención rectora de la psique, en tanto que de ese modo la aportación de una mera condición se convierte en *dominiun causae*, en dominio sobre el curso causal. Lo natural, sería, pues la sierva de la voluntad. Horn, consideraba que no solo era autor el causante natural, sino también al *dominus causae*, atribuyendo el dominio sobre el curso causal también a aquel que para la ejecución del hecho se sirve de otro que actúa con voluntad no libre o sufriendo un error.

Rechazando el *dominum causae* y por tanto, la autoría cuando tercia la libre voluntad de un tercero. El partícipe en cambio actuó con la conciencia de no poner directamente una causa (natural) y de no ser *dominum causae*, sino de dejar al arbitrio de otro llámese autor la relación causal y el *dominium causae*. Es evidente que bajo un disfraz causal y provisto de toda clase de adornos que hasta pueden confundir, se esboza la teoría del dominio del hecho en lo más esencial, aunando su crítica a la teoría subjetiva de la participación. Pues el elemento final se vuelve visible cuando se habla de la intervención rectora de la psique. Esta teoría pasó inadvertida en su momento en la época de esplendor de la metodología causal, a la que está sujeto el propio Horn, no ejerciendo influencia dentro de ésta. Frank, ha sido el de la teoría más conocida, pues simplemente decía: La autoría pertenece al ámbito de la causalidad física; la par-

---

[15] Ibid., Roxin, pág. 65.

ticipación al de la psíquica. «En todas estas teorías se refleja la teoría de la interrupción del nexo causal antes muy extendida».[16]

Teoría de la supremacía del autor o teoría de la supremacía

Dahm y Richard Schmidt citados por Roxin han desarrollado la concepción de que la coautoría y la complicidad no han de distinguirse en función de elementos determinados, organizables en general, sino con arreglo «considerando las circunstancias del caso concreto, se da una relación de equivalencia (coordinación) o de subordinación y supremacía»[17]. Dahm, sostiene que «quien toma parte con otro en la lesión de un bien jurídico es coautor si su comportamiento con arreglo a la situación objetiva completa, verificada valorando las circunstancias del caso particular, se presenta como equivalente (coordinado) al otro comportamiento, con vistas a la lesión del bien jurídico; cómplice si su comportamiento en las mismas circunstancias aparece como subordinado. Mientras que Richard Schmidt señala que «se da coautoría... cuando a partir de las circunstancias del caso, tanto en el tipo de cooperación a juicio de un observador externo (objetivamente), como según el tipo de formación de la resolución a partir del propio parecer del partícipe (subjetivamente), las aportaciones al hecho son equivalentes. Complicidad se da cuando a partir de las circunstancias, tanto para el observador objetivo como para el propio partícipe, la aportación al hecho de uno se presenta como limitada y subordinada»[18].

Está teoría fue nombrada por Dahm como objetivo - popular y tiene entre sus ventajas que evita los defectos de una concepción formal, generalizadora y que, por tanto, no puede dejar de ser unilateral. Esta materialmente se presenta como precursora directa de la teoría del dominio del hecho, por ejemplo cuando Dahm dice del autor «el dominante en la situación global; pero está teoría no pasa de ser un punto de partida aprovechable.

Teorías subjetivas

Es común a las teorías subjetivas el distinguir, la delimitación entre autoría y participación, no según criterios objetivos situados

[16] Op. cit., Roxin.
[17] Op. cit., Roxin, pág. 67.
[18] Op. cit., Roxin, pág. 70.

en el mundo exterior, sino solo motivos intrapsíquicos, como la voluntad, la intención, los motivos y las actitudes de los partícipes[19].

Para la teoría subjetiva lo que cuenta a la hora de determinar al autor es la voluntad y el interés, así lo manifiesta Bacigalupo cuando dice: «Para la teoría subjetiva, en consecuencia, autor es el que hace un aporte al hecho queriéndolo como suyo, con *animus auctoris* -y cómplice el que quiere el hecho como ajeno- obra con[20], *animus socii;* Esto plantea la cuestión de cuando se quiere el hecho como propio y prosigue que: «De esta manera lo decisivo para determinar la autoría, no es el aporte, ni la forma exterior del comportamiento, sino la voluntad»[21].

Dentro de las teorías subjetivas tenemos, las teorías del dolo (voluntad) y las Teorías del interés. «El fundamento de la teoría subjetiva es muy sencillo se parte de la teoría causal de la condición»[22].

Teorías del dolo

Estas al igual que las teorías objetivas se remontan, a comienzos del siglo XIX. Todas ellas distinguen entre voluntad del autor y voluntad del partícipe, de naturaleza heterogénea «La mayor parte de ellos renuncian a profundizar en la diferencias entre esas voluntades de manera que no queda claro a qué resultados prácticos lleva esta delimitación»[23]; Wachter hacía referencia a la intención del actuante a querer el delito como propio y no querer apoyar el de otro; entre tanto que Halschner decía que el partícipe se propone auxiliar al autor consciente de que éste cometerá el delito. Es evidente que entre el autor y el partícipe hay una relación de dependencia en lo que a resultados se refiere. El representante más influyente de la teoría del dolo fue Buri, quien manifestaba que el autor y el partícipe se distinguían por la independencia de la voluntad del autor y la dependencia de la voluntad del partícipe.

La teoría del dolo se mantiene hoy, y es defendida por Bockelmann, quien considera que el criterio decisivo para la delimi-

---

19 Op. cit., Roxin, pág. 71.

20 Op. cit., Bacigalupo Enrique, *Lineamientos de la teoría del delito,* pág. 167.

21 Ibíd., Bacigalupo, pág. 167.

22 Gimbernat Ordeig, Enrique, autor y cómplice en Derecho Penal de la Universidad de Madrid, Facultad de Derecho, sección de Publicaciones e Intercambio, depósito, legal; M 17137-1966. Gerátifas Berizal Virtudes 7 - Madrid, pág. 12.

23 Op. cit., Roxin, pág. 72.

tación reside en un hecho psíquico concreto: la subordinación del dolo concebido por el partícipe con respecto al del autor principal.

Por igual si analizamos el contenido esencial de esta teoría, es obvio encontrarle estigmas de la teoría del dominio final del hecho, pues hay una preeminencia de la voluntad en el centro de la delimitación.

Naturalmente también la teoría del dolo está expuesta a varias objeciones. «Su mayor flaqueza consiste en que traza los límites de modo exclusivamente subjetivo, lo que históricamente se explica -al menos desde Buri- por el punto de partida causal»[24].

Los opositores a esta teoría dicen que ésta fracasó al considerar partícipe a aquel que cometa la acción principal por ejemplo, matar con voluntad subordinada.

«Esta teoría es seriamente objetada porque permite una manipulación incontrolable de la prueba del elemento subjetivo que decide sobre la autoría, difícilmente objetable durante un proceso»[25].

Teoría del Interés

Está teoría fue considerada como «científicamente superada»[26] en 1907 por Birkmeyer.

«La fórmula del interés no va más allá en su significado que la teoría del dolo. Su valor reside en proporcionar un indicio tangible de la subordinación de la voluntad requerida por la teoría del dolo, previniendo el deslizarse en curvas formales si alguien carece de todo interés propio en la ejecución de un hecho, cabe suponer que deja su realización a criterio del otro en cuanto a auténtico interesado. A esta estrecha relación obedece que la teoría del interés haya aparecido en ocasiones a lo largo de su evolución imbricada casi indisolublemente con la teoría del dolo»[27].

Así pues a continuación de la teoría del dolo es aplicable la teoría del interés.

De esta manera, «lo decisivo, para determinar la autoría, no es el aporte, ni la forma exterior del comportamiento, sino la voluntad»[28].

[24] Op. cit., Roxin, pág. 74.
[25] Op. cit., Bacigalupo Enrique, pág. 167.
[26] Op. cit., Roxin, pág. 76.
[27] Op. cit., Roxin, pág. 76.
[28] Op. cit., Bacigalupo, pág. 167.

Teorías Mixtas

Es claro que los numerosos criterios para determinar la autoría que se han aportado en esta panorámica no siempre aparecen en un estado puro, sino que desde «siempre se hallan entre mezclados en doctrina y jurisprudencia»[29].

Está claro que su nombre deriva de lo que autores como Stubel, TJaben, Haupt y otros han hecho de las teorías ya conocidas, pues estos han tomado los elementos de las diferentes teorías hasta acá agotados y han formulado teorías basados en aquellas por ejemplo, la teoría «pluralmente mixta de Stubel, procedente de principios del siglo ante pasado, parte de la realización de propia mano de un elemento tipo (teoría objetivo-formal), pero añadiendo después todas las demás aportaciones al hecho realizados en y durante la ejecución (teoría de la simultaneidad) reuniendo estos dos supuestos bajo el concepto de la participación próximo o de la autoría física (teoría de la causalidad física y psíquica)»[30].

Realizar este tipo de mixtura implica la posibilidad de un procedimiento inseguro de ensayo y error. «El procedimiento correcto reside más bien en descubrir, a partir de la materia jurídica y de los grupos de problemas, los puntos de vista unitarios»[31].

[29] Ibid Roxin, pág. 77.
[30] Ibid., Roxin, pág.77.
[31] Op. cit., Roxin, pág. 79.

LA AUTORÍA Y SUS FORMAS

Llegamos aquí hasta lo que es la doctrina de la autoría, es decir, a las consideraciones científicas penales, que se ocupan sobre la determinación del autor del injusto penal, o sea el establecimiento de criterios que indican de quien es obra el hecho antijurídico, a quien le pertenece, cuestión de trascendencia ya que en la formación del crimen pueden concurrir un complejo de conductas que responden a diversos titulares de las mismas, conductas que se pueden ubicar en distinta posición, es así que unas constituyen el eje principal del acaecimiento, ocupando el plano central de actuación y análisis dogmático ubicándose el autor en un papel primario y autónomo (lo que constituye a la vez el punto de partida de la teoría de la accesoriedad), y esta primacía del concepto de autor, es un enfoque de la doctrina dominante de la autoría[1]. Es así que nos sumamos a la posición de Claus Roxin[2], perfilando el concepto de autor como la figura central del suceso en forma de acción, esta idea como bien lo apuntó Claus Roxin, es un punto de vista legal para la delimitación autoría/participación, diferenciación prejurídica claramente apreciable.

La figura central del suceso

Cuando el legislador describe una conducta por medio de un tipo, la está refiriendo a un sujeto que constituye la figura clave, de tal manera que el que realiza la ejecución es el punto de referencia ideado por el legislador, ubicándolo en el núcleo del suceso, en palabras de Roxin, «el legislador concibe al ejecutor como punto de referencia y figura clave del suceso delictivo»[3], de tal manera que le ubica en el centro y desplaza hacia los márgenes las figuras de la participación.

---

1 Roxin, op. cit., pág. 44.
2 Op. cit., pág. 43.
3 Claus Roxin, op. cit., p. 43.

Dentro de la figura central, se acomodan perfectamente la autoría directa, la autoría mediata y coautoría, pues como dicen Roxin son la misma cosa[4]. A la vez que esta consideración es el fundamento sobre el cual se edifica la teoría de la participación, la cual ha acuñado la accesoriedad de la misma[5]. Pero además la idea de la figura central nos va a permitir determinar a la autoría como concepto primario, mediante diversos criterios que coexisten, precisamente para discriminar la supremacía de la autoría, en la actualidad el enfoque predominante y más adecuado para desdibujar la figura central del suceso en forma de acción es el criterio del dominio del hecho; sin embargo, este criterio es aplicable en la medida en que el suceso delictivo sea dominable, ya Roxin nos da una idea y manifiesta «dominable, son todos los sucesos cuyos efectos prohibidos residen en el plano material o psíquico... tienen consecuencias externas susceptibles de configuración rectora... así mismo las manifestaciones psíquicas... pueden someterse a un dominio (del hecho) rector externo»[6].

Dominio del hecho

De manera que ahí donde el suceso cobra existencia en un plano físico, social y psíquico, habrá que aplicar el dominio del hecho, no cabe duda que la mayoría de acontecimientos típicos plasmados por el legislador son dominables[7].

Ya en un plano meramente valorativo compartimos de Claus Roxin su enfoque, la dominabilidad se desplaza por la valoración «en el ámbito de la realidad espiritual... de los valores falta la dominabilidad externa»[8], se recurre en este caso -de sucesos no dominables- a la normatividad de la mismos, cobra vigencia así el criterio de la infracción del deber especial mediante el cual habrá que determinarse la autoría, como más adelante se verá, el dominio del hecho, no es un criterio carente de contenido y vacío como lo concibe parte de la doctrina, no solo es un parámetro indeterminado, que brinda una idea dada acerca de la determinación de la autoría, sino por el contrario, encierra en el toda una estructura de sentido, del todo sistemática, cuya lógica se percibe a medida que se pasa

4 Roxin, op. cit., pág. 43.
5 Claus Roxin, op. cit., p. 43.
6 Ibidem, pág. 367.
7 Ibidem, pág. 367.
8 Ibidem, pág. 367.

por las diversas modalidades de categorías que se ciernen en su seno, las cuales se articulan y se adaptan adecuadamente al el supuesto dado por la realidad, no forma parte de este trabajo arrancar de los puntos de partida metodológicos que fundamentan y justifican el dominio del hecho, más bien se pretende proyectar una noción académica de lo que representa el dominio del hecho, enfocando sus criterios en aras de identificar, y tener una idea y delimitación de la autoría, punto de partida para arribar a las consideraciones acerca de la participación, pero antes de tocar las formas de la autoría, cabe decir que el dominio del hecho segrega tres subprincipios que lo conforman, que explican las tres formas de autoría, cada uno de ellos está dotado de un contenido peculiar y diferente de los demás, pero con semejanzas que las hacen tener estrecha relación, así:

a) para fundamentar la autoría directa o inmediata se utiliza el dominio de la acción;

b) para la autoría mediata el dominio del instrumento; y

c) para la coautora el dominio funcional del hecho[9].

Estos tres subprincipios presuponen la realización del hecho de forma consciente y deliberada, ya que es un dominio final, el que domina el hecho sabe que lo domina y por eso lo dirige hacia su concreción.

Estos tres subprincipios presuponen la realización del hecho de forma conciente y deliberada, ya que es un dominio final, el que domina el hecho sabe que lo domina y por eso lo dirige hacia su concreción.

El Art. 32 de nuestro código penal establece que "incurren en responsabilidad penal por el hecho cometido, los autores, los instigadores y los cómplices.

Los autores pueden ser directos o mediatos.

En los delitos culposos cada uno responde de su propio hecho".

Este artículo constituye el sustrato legal de la doctrina de la autoría y participación, nuestro punto de de partida normativo, siguiendo con la idea de autoría, es un título de responsabilidad penal personal, según la ley, dadas por supuesto las otras condiciones

---

9 Enrique Bacigalupo, *Lineamientos de la teoría del delito*, pág. 168.

de responsabilidad - título que diferencia otras formas de intervención secundarias en el hecho típico, como la instigación y la complicidad, pero no es la ley la que tiene la carga de establecer los criterios diferenciadores -mal haría-, pues eso es trabajo de la doctrina, es así que entra en escena el dominio del hecho, y el la infracción de un deber especial develándose su importancia múltiple a saber:

1. Fundamenta la autoría.
2. Delimita entre autoría y participación.
3. Constituye la base fundamental de la imputación[10].
4. Ubica al autor como la figura central del suceso en forma de acción.

Importancia que se pondría de manifiesto en lo sucesivo de esta obra, ahora nos ocuparemos de las manifestaciones de dominio:

Clases de dominio

El dominio del hecho se produce por la concurrencia de diversas facultades o dominios, así Jacobs en su obra citada (pág. 741) sostiene también que son tres los factores constitutivos del dominio, estos son:

a) Dominio formal, que consiste en la facultad de realizar la acción ejecutiva.
b) Dominio de la decisión, el cual constituye la potestad de interrumpir a voluntad sobre la realización o no del suceso delictivo.
c) Dominio de la configuración. Que consiste en el poder de malear la forma de realización del suceso a voluntad y antojo.

Autoría directa. El dominio de la acción

El art. 33 Pn, establece que: «Son autores directos los que por sí o conjuntamente con otros u otros comenten el delito». Esta disposición contempla no solo la autoría directa, sino también la coautoría, autores directos son, pues los que comenten el delito por sí mismo, a tenor de la misma disposición quien tiene el dominio de la acción, es autor directo y éste se define como: aquel sujeto que personalmente

---

[10] Alberto Donna, *La autoría y participación criminal*, pág. 22.

de forma consciente, deliberada y teológicamente realiza de forma libre los elementos configuradores del tipo, en todos los supuestos en los cuales el hecho es dominable.

Para Alberto Donna, «Quien ejecuta por sí mismo la acción típica, aquel cuya conducta es subsumible, sin más en el tipo de la parte especial»[11].

Para Roxin, es autor: «quien no coaccionado y sin ser dependiente de modo superior a lo socialmente normal, realiza los elementos del tipo de propia mano, es autor en todos los supuestos inimaginables tiene el dominio del hecho».[12]

La autoría directa constituye la autoría por excelencia y la más obvia de las autorías, el prototipo de la autoría[13], es esta figura la que se encuentra descrita en la parte especial del Derecho penal, la misma es descripta lisa y llanamente en los tipos prohibitivos, es por ello que la percepción intelectible de ella no entraña mucha dificultad por esa razón es la más natural.

Ley y realidad se corresponden perfectamente, ya que de seguro siempre será autor aquel que por sí realiza los elementos contenidos en el tipo penal, y he aquí como también lo reconoce Roxin[14], se reconoce la irrefutable verdad de la teoría objetivo formal, pues quien de forma completa y libre ejecuta el hecho, personalmente es la figura central del suceso, de esta manera tenemos el dominio del hecho apoyado en la propia descripción que hace el supuesto del hecho en la norma penal, esta definición de autor responde al concepto antológico de autor (Olivares),único que contrasta en su configuración con los tipos de la parte especial, por esa razón también se le denomina «concepto real» de autor[15], el que por ser de carácter fáctico no se corresponde con la descripción de los Arts. 33 y 34 Pn, ya que requiere condiciones extrafácticas[16], que trascienden la mera descripción típica ontológica.

Bajo las consideraciones anteriores, el dolo requerido por el tipo penal no es más que el dolo de autor, por ser el tipo descriptor de una conducta de autoría.

---

11 Ibidem, pág. 236.
12 Roxin, op. cit., pág.149.
13 Ibidem, pág. 149.
14 Ibidem, pág. 150.
15 Mir Puig, op. cit., pág. 387.
16 Ibidem, pág. 388.

Ejecución dolosa personal y parcial del tipo

Aquí se plantea la cuestión, ¿es el autor quien realiza solo algún elemento del tipo?, ¿se fundamenta la autoría por la realización parcial del tipo? La acción típica constituye un núcleo, que ubica precisamente al autor en el centro del acontecer, y es el centro de la acción porque la domina[17], es la realización íntegra de la acción la que lo hace señor del hecho, y lo que permite hacer una «subsumibilidad directa», al tipo legal tal como lo observa Quinteros Olivares . La ejecución de propia mano comprende el comportamiento que supone la realización del tipo de propia mano, es decir, sin la intervención subsiguiente de otra persona[18]. Desde un punto de vista legal, el legislador hace una descripción completa de la conducta del autor, nunca parcial, Roxin manifiesta «no hay argumento a favor de que el legislador considere suficientemente significativo cualquier elemento típico individual como para caracterizar por sí solo la autoría»[19] ello implica una intervención insignificante según Jacobs.

Si en la realización del suceso intervienen varios; para fundamentar su coautoría se recurrirá a otros criterios y no a la mera ejecución de un elemento del tipo.

En resumen, no cabe apreciar autoría por la sola realización de algún elemento que compone un tipo, debido a la integridad de la acción, al sentido del legislador y de la realidad que ubica el autor como figura principal.

Relaciones entre autoría, tipicidad y antijuridicidad

El problema en este acápite consiste en darle una solución a la interrogante ¿podemos determinar la autoría y la participación con la mera tipificación de las conductas sin más? La respuesta es no, debido a varias consideraciones lógicas que descartan la posibilidad de perfilar ya la autoría a nivel de tipicidad.

Si nos atenemos a las descripciones típicas de la parte especial, parece fácil en principio determinar tanto la autoría como la participación, sin embargo, un análisis detallado nos lleva a conclusiones diferentes.

---

[17] Roxin, op. cit., pág. 161.

[18] Jacobs, *Derecho Penal. Parte General. Fundamentos y Teoría de la Imputación*, Ed. Marcial Pons Ediciones Jurídicas y Sociales S.A. Madrid. España, 1997, pág. 744.

[19] Roxin, pág. 160.

Los tipos son descriptores de conductas de autoría, y con las formas impersonales como: El que... se nos revela según la categoría de la tipicidad el llamado sujeto activo, propio de tal categoría y conforma un elemento de la estructura del mismo[20] y opera sin referencia a la responsabilidad penal, esto porque la tipicidad solo lleva inhibita la posibilidad de un indicio de antijuridicidad[21], la autoría en cambio es un título de responsabilidad criminal, es así, que sujeto activo y autor no son conceptos iguales como lo sostiene Quinteros Olivares[22], «mientras que el sujeto activo es solamente la persona que realiza el comportamiento típico personal que como veremos después puede ser o no ser catalogada como autor en el sentido indicado».

Entonces si a nivel de tipicidad tenemos un sujeto activo, y los tipos son descriptores de conducta de autoría o de participación (lo que no equivale a autoría y participación, sino solo a la mera adecuación de las conductas para proseguir la imputación), el resultado es que podemos tener un sujeto activo que se adecúa a un tipo de autor o de participación cualidades o situaciones de responsabilidad delictivas que se fundamentan en base a datos extratípicos por formar parte los mismos del injusto penal, es preciso diferenciar para una mejor comprensión los tipos de autoría de los tipos de participación. Así, se considera tipos de autoría aquellas descripciones típicas susceptibles de ser realizadas por autoría y tipos de participación las descripciones típicas de conductas susceptibles de ser realizadas por participación en un tipo de autoría[23] de lo que no se infiere que adecuada la conducta del sujeto activo en un tipo de autoría o de participación, ya tenemos sin más un autor o un partícipe, sino en base a la función indiciaría del tipo, tenemos el indicio de un posible autor o partícipe, pues la autoría como la participación forman parte del injusto penal... «no puede equipararse la autoría a la realización del tipo ni estudiarse solo en el marco de la imputación objetiva, sino que debe distinguirse entre tipos de autoría y tipos de participación»[24].

---

20 Muñoz Conde, TGD, pág. 276.
21 Muños Conde, pág. 269.
22 *Derecho Penal Parte General*, 2ª edición, Marcial Pons, Madrid, 1989.
23 Mir Puig, *Derecho Penal. Parte General. Fundamentos y Teoría del Delito*, Promociones y Publicaciones S.A., 3ª Ed. Barcelona, España, 1990, pág. 386.
24 Ibidem, pág. 389.

Lo anterior nos lleva a considerar que no podemos hablar de autoría por la mera realización típica, o decir que hay autoría solo porque aun sujeto realizo un tipo, pero lo que si es necesario hacer es distinguir a nivel de tipicidad si la conducta se subsume en un tipo de autoría o de participación, en aras de determinar la autoría o la participación posterior a dicha adecuación típica.

Pero esa deficiencia típica que se viene tratando para determinar la autoría y participación se revela en otros aspectos:

La autoría mediata no puede ser percibida desde la realización ejecutiva típica de la parte especial, por ser los tipos descripciones eminentemente personales: «También la autoría mediata decae por la vinculación a determinado comportamiento: solo la ejecución de la acción descrita típicamente indica la insuficiencia personal»[25] es así que la autoría mediata trasciende de la mera tipicidad para poder ser fundamentada. «El autor mediato no realiza la acción típica», según Donna, sino que la autoría mediata trasciende del tipo hacia el dominio final[26] en este caso al poder sobre la voluntad o conducta del ejecutor.

En la coautoría donde la conducta de los intervinientes es constitutiva de una fracción del tipo, en base a lo cual sería imposible tildar de autoría a cada interviniente, si vista particularmente la aportación es insuficientemente típica, aun más el caso de los jefes de banda que no ejecutan el suceso criminal, en estos supuestos la tipicidad se queda menos que corta para determinar la autoría[27], lo que permite englobar la tipicidad de cada concurrente respecto de lo realizado por los otros, es el principio de la integración de la imputación[28] supliendo así la deficiencia de la tipicidad (ya a nivel de injusto).

Ya en el marco de la participación para configurar la accesoriedad, tal como la concibe la doctrina dominante, Art. 37 Pn, no basta la tipicidad es menester la existencia de un injusto principal de autor.

25 Jacobs, op. cit., 732.
26 Alberto Donna, *Nuevas Formulaciones en las... conceptos de Autor y la Teoría de los Aparatos de poder de Roxin*, pág. 297.
27 Jacobs, op. cit., 730.
28 Fernando Velásquez V., *Derecho Penal. Parte General*, Ed. Temis, Argentina, pág. 355.

La categoría determinante de la autoría y de la accesoriedad lo constituye la antijuridicidad, pues la autoría y participación son títulos de responsabilidad criminal se es responsable de un acto contrario a derecho, es así que la autoría constituye el acápite final de la teoría del injusto[29] «el injusto es un injusto personal, es decir, le es esencial la relación con el autor. Así como el autor contribuye a acuñar el injusto, así pertenece también a la teoría del injusto, como éste llega a ser autor. La teoría del autor tiene por objeto establecer el centro personal de la acción del injusto»[30], no la mera tipicidad.

Solo una vez establecida la antijuridicidad deben vertirse los criterios fundamentadores de la autoría, se es autor de un injusto penal, por ser éste objeto de reproche penal, no así un hecho simplemente tipificado el cual es susceptible de estar justificado, siendo efecto de la justificación la anulación de toda imputación penal y tanto la autoría como la participación aumentan considerablemente el peso de la imputación y generan una probabilidad mayor de responsabilidad penal, es así que no se puede contraponer un título de responsabilidad penal (autoría y participación) a un acto totalmente licito, simplemente es ilógico[31].

Dada la antijuridicidad ha de inferirse luego la autoría o la participación «así pues, han de comprobarse los requisitos objetivos del injusto... y a continuación se investiga si concurren autoría, inducción o complicidad»[32] la autoría por lo tanto constituye un problema del injusto penal y ese es su lugar en la sistemática de la doctrina penal[33].

Esta postura no trae ninguna consecuencia negativa a nivel procesal, el fiscal al realizar la acusación le presenta al juez un cuadro completo de la conducta del indiciado hasta nivel de culpabilidad, por lo que no hay problema en realizar categóricamente la imputación por autoría en el sentido antes descrito (imputar autoría después del análisis típico).

---

29 Welzel, *Derecho Penal Alemán. Parte general*, 4ª Ed. Editorial Jurídica de Chile, 1993, pág. 119.
30 Welzel, op. cit., pág. 118.
31 Jacobs estima la posibilidad de autoría en un hecho justificado, pág. 745.
32 Roxin, op. cit., 360.
33 Ibidem, pág. 364.

Autoría y culpabilidad

¿Puede un autor ser agente inculpable? Nos ubicamos con esta cuestión a nivel de las causas de inculpabilidad y de inimputabilidad.

Trataremos el supuesto de coacción, que es el más representativo cuya solución será predicable para los demás supuestos. Ya que esta cuestión es la muestra predominante de un plano categórico integral de la culpabilidad, luego las situaciones restantes serán predicables con una extensión fundada de los razonamientos aquí vertidos.

Si nos atenemos a una consideración sistemática o lógica la respuesta sería positiva, ya que el capítulo II se refiere a «... las causas que excluyen la responsabilidad penal», y especialmente el epígrafe del art. 27 Pn es «excluyentes de responsabilidad penal», aquí nos referimos en especial a la causas de inculpabilidad.

Como vemos, se hace alusión a la responsabilidad penal, para saber en quién reside la responsabilidad penal, nos trasladamos al art. 32 Pn a cuyo tenor dice «incurren en responsabilidad penal los autores...».

De tal manera que si en los autores opera una circunstancia excluyente de culpabilidad del art. 27 Pn no serán responsables penalmente, razonamiento que no implica las causas de justificación, ya que si no existe un ilícito no hay sustrato justificador de la autoría, donde hay un injusto penal se ancla la autoría; de acuerdo con ello si se genera un error de prohibición ya sea directo o indirecto, vencible o invencible, siempre se fundamenta la autoría, porque tales errores dejan intacta la antijuricidad del hecho y han de resolver a nivel de culpabilidad, pero ya como disculpantes, no como justificantes. Cosa distinta es si opera una causa de justificación, estas tienen la virtualidad de volver el hecho típico a un acto totalmente aprobado por el ordenamiento jurídico, es decir, lo determina lícito, siendo así, no debe hablarse de autoría, mucho menos participación.

Como apuntamos *supra*, el único criterio para determinar la autoría es el dominio del hecho, se prescinde pues de la culpabilidad, lo que no quiere decir que se desliga y no se tomen datos de ellas en un momento determinado, como adelante se detallara.

La culpabilidad en general no tiene nada que ver con la autoría del sujeto que actúa directamente[34].

En esta cuestión el problema más serio de la doctrina ha sido el considerar la autoría como un apartado ligado a la culpabilidad.

Si ya tenemos a un autor con una conducta antijurídica, tal como lo determinamos según una consideración lógica normativa, la siguiente consideración es determinar su culpabilidad, el estado de necesidad se ubica en esa dimensión, nos referimos al estado coactivo, donde la fuerza de otro sujeto es la que se vierte sobre el infractor, ahora hay que determinar si doctrinariamente opera el título de la autoría dado por el dominio del hecho en este supuesto de la acción.

Roxin apunta: «de ningún modo cabe decir, por ejemplo, que bajo la presión del peligro se vea a un lado o al menos mermado la posibilidad de llevar a cabo la resolución de actuar dirigida conforme a un plan. Por el contrario, será frecuente que ante el peligro redoble las fuerzas y el agente domine la situación con más seguridad que sin ese impulso»[35]. Estableciéndose así el domino de la acción no obstante la coacción, ésta no niega el carácter de la figura central, más bien lo afianza como lo observa Roxin, la coacción se torna un activante asegurador del resultado y conservador de la autoría.

De las consideraciones anteriores se desprende que: si la autoría nace en la antijuricidad, en la culpabilidad se determina si el autor es culpable o no, y si el estado de necesidad no es óbice para que opere la autoría mucho menos otro influjo psicológico que sufra, el ejecutor con dominio de su hacer. Roxin establece «si la realización de propia mano de un tipo en estado de necesidad disculpante no obsta para la autoría del agente, con mayor razón es señor del hecho y autor el que comete un delito, en persona bajo una presión motivacional socialmente inadecuada pero no excluyente de culpabilidad»[36].

Lo dicho anteriormente opera de seguro para cualquier otra causa de inculpabilidad por lo que no es preciso entrar en detalle de ellos.

---

34 Jacobs, op. cit, pág. 745.
35 Roxin, op. cit., pág. 155.
36 Ibidem, pág.158.

Que decir, de la minoría de edad que es causa de inimputabilidad, ¿puede ser autor un menor de edad, sometido no a la ley penal ordinaria, sino a la ley penal juvenil?, claro que si[37], toda vez obre dolosamente y de forma antijurídica todo el sistema de la teoría general del delito a partir de las consideraciones acerca de la acción hasta la antijuricidad operan y le son aplicables al menor infractor y con ello la teoría de la autoría que nace con la ilicitud del hecho como antes se apuntó, nada más que como el autor es un menor, siempre va a operar la minoría de edad como causas de inimputabilidad, sin que ello sea un óbice que afecte tal calidad, de imputación, pues su responsabilidad solo es relativamente excluida de sistema penal, ya que su responsabilidad se deduce con arreglo una normativa especial cual es la ley penal juvenil, de acuerdo a la cual ha de responder como autor o participe.

Esta posición del autor culpable o no queda aun mayormente reforzada si tenemos en cuenta la postura de la accesoriedad limitada, ya a nivel de participación, y según la cual los títulos de participación dependen de un hecho principal ejecutivo y antijurídico de autor, la cual constituye la posición mayoritaria en la doctrina moderna, lo importante es que se prescinde de la culpabilidad del autor por ser algo personal, y con ello también se sienta la base de un autor culpable o inculpable, pero siempre autor, de lo contrario no se estimaría en tales términos la participación, pues si la culpabilidad es constitutiva de la autoría, no cabría validar la accesoriedad limitada, el enfoque adecuado es entonces la autoría limitada.

Las reflexiones anteriores tienen especial calado en la autoría mediata como más adelante se verá siendo esenciales para inteligir las relaciones que se establecen entre el sujeto de detrás y el instrumento a parte que se quiebra con concepciones comunes y erróneas en la mayoría de la doctrina, como de considerar la autoría ligada a la teoría de la culpabilidad, premisa falsa de acuerdo a los planteamientos aquí expuestos de forma sistemática y conforme al dominio del hecho que se configura como único criterio determinador y delimitador de la autoría. (En los delitos de dominio).

Las relaciones de la antijuricidad y culpabilidad con las tres formas de la autoría opera semejante para todas ellas, vistas en la autoría directa, resulta de mejor compresión ya que la autoría mediata y la

37 En igual sentido Roxin, pág. 158.

coautoría son más complejas en su fundamentación y explicación, sin embargo, tales situaciones son básicas a todas las formas de autoría, que las rigen, y las vuelven más comprensibles, su perfil con estas categorías se logra percibir más delimitadamente habiendo menos confusión.

Pasamos ahora a una de las formas más complejas de la autoría, la cual absorbe una gran diversidad de supuestos, todos necesitados de consideración.

Autoría mediata

El dominio del instrumento

Se considera autores mediatos a: «los que cometen el delito por medio de otro del que se sirve como instrumento» (primer inciso). «Si la ley requiere ciertas cualidades personales o que se haya obrado en determinadas circunstancias de carácter subjetivo, será necesario y suficiente que dichas cualidades o circunstancia concurran en el autor mediato».

Esta forma de autoría ya no cabe sustentarla sobre el dominio de la acción, en donde la conducta del ejecutor se apoya en el correspondiente tipo legal y es absorbida por los elementos de éste, en esta hace falta la ejecución del que se considera autor, y no como lo manifiesta Francisco Carrasco, en el Código Penal comentado al decir que el autor mediato «es quien en realidad ejecuta el delito...»[38], la figura central se fundamentó en esta forma por medio del dominio de la voluntad del instrumento, precisamente por falta de ejecución personal por parte del sujeto detrás llamado autor mediato[39].

El autor mediato realiza el hecho antijurídico por medio del instrumento (Bustos, Manual, pág. 285) o sujeto de delante, y éste es quien lo ejecuta, quien concreta la acción[40].

Esta autoría se puede manifestar en una serie innumerable de supuestos, por la naturaleza del presente trabajo, se van a tocar los supuestos rectores cuyas proposiciones fundamentadoras operan igual para supuestos similares.

---

[38] Carrasco, Francisco Moreno y otros, *Código Penal Comentado*. CNJ-CSJ, pág. 234.

[39] Donna, Edgardo Alberto, *Concepto de autor y la teoría de los aparatos de poder de Roxin. Nuevas formulaciones en las Ciencias Penales*, 2004, Argentina, pág. 297.

[40] En la doctrina al autor mediato se le domina «sujeto de detrás», y al ejecutor «instrumento o Agente».

Estos supuestos rectores de la autoría mediata son tres (Roxin, pág. 164), a saber:

1.- dominio del hecho a raíz de una presión significativa motivadora, convirtiendo al ejecutor directo en no libre, trazando así la dirección y objetivización del suceso;

2.- dominio del hecho por parte del sujeto de detrás en razón de un error que sufre el ejecutor directo, en donde el conocimiento superior de aquel se vuelve el elemento configurador del suceso;

3.- dominio del hecho en virtud de que el sujeto de detrás dispone de un aparato organizado de poder, al cual se supedita el ejecutor directo.

En estos supuestos, el sujeto de detrás rige el suceso, dominando la voluntad del instrumento o sujeto de delante, como se manifiesta, usando la coacción, valiéndose del error[41], o del aparato de poder organizado al que está sometido el ejecutor directo, es presupuesto en esta clase de autoría, la relación autor mediato e instrumento[42], en estos supuestos el dominio de la voluntad se vierte como criterio fundamentador de la figura central, es decir, del autor mediato. Jacobs maneja los primeros supuestos como una conexión entre el defecto del instrumento y el hecho como producto de la configuración del autor mediato.

Dominio de la voluntad en virtud de la coacción

Abordaremos el supuesto más importante, a partir del cual se fundamentan similares supuestos, esto es, el estado de necesidad coactivo, en este ambos sujetos poseen el dominio del hecho, ambos son autores, el primero como lo afirma Roxin[43], en razón de su ejecutar directo y el otro porque tiene en sus manos la voluntad del otro, hay una plena autoría doble, como también lo manifiesta Roxin, es así que el poder sobre la voluntad del de detrás, enciende la ejecución directa del de adelante, dirigiéndola, y moldeándolo, es así que coaccionado y coaccionante tienen el dominio sobre el hecho, pero ¿qué es lo que permite que el sujeto de detrás domine la volun-

---

41 Matilde Bruera, *Autoría y dominio de la voluntad a través de los aparatos organizados de poder. Nuevas formulaciones*, pág. 291.

42 Estrada Vélez, Federico, *Derecho Penal Parte General*, 2ª Ed. Editorial Temis S.A., Bogota, Colombia, 1980.

43 Roxin, pág. 165; en igual sentido Jacobs, pág. 764.

tad del sujeto de delante, convirtiéndolo en la figura central?, pues no es la mera influencia psíquica, el inductor y el cómplice también influyen, sino más bien, la coacción que ejerce el sujeto de detrás que no permite ser al agente, un agente libre, aunque se requiere de éste por lo menos una resistencia mínima, pero esta es una solución más bien legal[44] en la medida en que opera el principio de responsabilidad para el ejecutor directo, pues la responsabilidad de éste se ve desplazada y ubicada en el sujeto de detrás, aquel en virtud de la coacción se considera sin responsabilidad por el legislador, y éste por la necesidad coactiva creada por él mismo se le hace recaer la responsabilidad penal.

Es condición que la presión sobre el ejecutor sea irresistible[45], y esto es lo que permite al sujeto de detrás convertirse en la figura central: «de ahí se sostiene el resultado de que aquel que simplemente ejerce sobre el agente directo influencia más o menos intensa no tiene el dominio en sentido jurídico, porque se mantiene la responsabilidad en el ejecutor». Roxin[46].

Pero quien influye en otro de manera que éste de *iure* se ve exonerado de responsabilidad, ha de considerársele titular del dominio de la voluntad[47]. Así pues en el estado de necesidad coactivo el sujeto de detrás ha de ser considerado... como señor del hecho y autor mediato.

Como podemos percibir el dominio de la voluntad se fundamenta en una coacción proyectada por el sujeto de detrás, hacia el sujeto de delante, sin que éste pueda resistirse, potenciando la exclusión de culpabilidad.

La coacción no es el único supuesto de necesidad, hay otros semejantes en que el sujeto crea la necesidad, por lo que todos los supuestos en los que el sujeto de detrás cree una situación de necesidad, y el sujeto de delante se vea exonerado por el ordenamiento jurídico, habrá que fundamentarse el dominio de la voluntad y por lo tanto la autoría mediata[48].

---

44 Roxin, pág. 169.
45 Ramírez. Bustos, Manual..., pág. 287.
46 Pág. 170.
47 Donna, *Nuevas Formulaciones*, pág. 304.
48 Roxin, op. cit., pág. 189.

La cuestión de si existe autor de detrás del autor prácticamente ya ha sido resuelta, como vimos, por una parte se puede ser autor culpable como inculpable, y en los casos de estado de necesidad coactivo, la autoría se puede fundamentar en un mismo hecho en virtud de criterios divergentes, en uno por el dominio sobre la voluntad del ejecutor, y en éste otro por su actuación directa, lo que varía lógicamente en estos casos, es que en el primero las condiciones de responsabilidad están completas, mientras que en el segundo es irresponsable, pero ambos son autores, y siendo uno irresponsable el autor mediato se vuelve la figura central del suceso, con relevancia penal, el otro es el centro del suceso pero sin relevancia penal (Roxin, pág. 165), en igual sentido Jacobs afirma que: «También como instrumento de un autor mediato, el ejecutor continúa siendo autor por su parte, ya que quien comete por sí mismo siempre es plenamente responsable, según la decisión de la ley, aún cuando el autor mediato sea responsable prevalentemente».

Dominio de la voluntad a raíz de un error

En los supuestos que proceden el instrumento obra con el desconocimiento de algún aspecto del suceso típico, el error puede empezar a perfilarse a nivel de tipicidad, y no a nivel de acción como algunos autores consideran[49], ya que no habiendo acción por parte del instrumento, mal haríamos en decir que otro se vale de él para ejecutar un hecho, pues no hay ejecución sin acción, ya que la ejecución es parte de la acción, y habiendo cualquier tipo de error sobre la acción esta queda excluida, y por lo tanto no hay instrumento ejecutor, como lo implica la autoría mediata[50].

A nivel de tipicidad

Ejecutor directo obra sin dolo y sin culpa

En estos supuestos el instrumento se encuentra bajo el supuesto del Art. 28, inciso primero, específicamente el error invencible sobre el elemento subjetivo del tipo.

El ejemplo es el siguiente. «A» le pide a «B» que le traiga un bolso que se encuentra en una oficina, «B» se lo trae ignorando que no le pertenece a «A».

---

49 Carrasco, op. cit., pág. 135.
50 Donna, *Nuevas Formulaciones...*, pág. 302.

En este tipo de error el instrumento es completamente, un ignorante de la situación, por lo que no tiene dominio sobre la situación[51], es más el sujeto de detrás solo lo utiliza como una mera condición, el dominio que tiene el autor mediato es de carácter directo, y no es un dominio sobre su voluntad «sino sobre la inclusión de su conducta al proceso causal que genera la lesión del bien jurídico»[52], aquí no hay dominio de la voluntad, sino un dominio inmediato sobre la conducta inconsciente del instrumento.

Pero ¿cómo fundamenta la autoría en estos casos?, mediante los factores:

1° Por medio del conocimiento superior del autor mediato.

2° Intervención final del sujeto de detrás vinculado a todos los factores que producen el tipo, encaminados a la producción del resultado. Ya que esto hace que el curso causal dependa de sus manos, teniendo un dominio final.

Por lo que aquel que, valiéndose de otro que actúa fortuitamente, y hace subsumir su conducta, como elemento de toda una serie de situaciones, entrelazadas para generar un resultado ilícito, con pleno conocimiento de ellos, posee el dominio del instrumento.

Ahora bien la condición debe de ser conectada de forma inmediata respecto del resultado, esto es materialmente, no basta una conexión meramente psicológica, «todo aquel que ante un sujeto actuante sin dolo e inculpable, a sabiendas de la situación, aporta conscientemente una condición del resultado, es titular del dominio de la voluntad y por tanto autor»[53].

La exclusión de la responsabilidad penal del instrumento se enraíza en el Art. 4, inciso primero Pn. Sin embargo para el legislador es indiferente que el ejecutor haya obrado de forma evitable o inevitable. De cualquier forma hay autoría mediata[54].

Ejecutor obra con imprudencia consciente

La cuestión que se plantea en este supuesto es: ¿Cabe establecerse el dominio del hecho si el ejecutor directo advierte la realiza-

---

51 Bustos, *Manual*, pág. 286.
52 Roxin, op. cit., pág. 197.
53 Op. cit., p. 200.
54 Jacobs, op. cit., pág. 768.

ción del resultado típico?[55] Esto se plantea ya que si el ejecutor entrevé el resultado posible y tiene conciencia de él, tiene en sus manos la propia concreción del mismo, ¿cómo pues habría un dominio final del sujeto de detrás?, lo medular para llegar a la solución es[56]: ¿Cómo debe ser la finalidad para que configure el suceso? ya que el que el instrumento se represente, consiente o no el resultado no es fundamentador del dominio del hecho, lo determinante es que independientemente de la concepción acerca del resultado por parte de la gente, el suceso es configurado y maleado por el sujeto de detrás en la medida en que este se lo proyecte como concreto, gracias a su forma de actuar «se es autor mediato si valiéndose de un instrumento ejecutor imprudente consciente se aporta una condición al resultado»[57]. La razón es que el título de imprudencia no desplaza el dominio final antes lo afirma[58], precisamente si el ejecutor actuó con imprudencia fue para ajustarse al plan del sujeto de detrás, por lo que no se exime de responsabilidad, es su impericia configurada por otro y que estaba obligado, no obstante el sujeto de detrás a superar manteniendo el deber de cuidado, estamos en este caso ante un autor de detrás del autor, por su puesto que este bajo la fuente de imputación imprudente.

Hasta lo visto aquí tenemos como resultado un dominio de instrumento que obedece a dos modalidades distintas.

- Por una parte una autoría mediata sustentada en la coacción donde el sujeto de detrás domina la voluntad del ejecutor y éste a la vez guía y domina el resultado típico, de forma final.
- Por otra, una autoría mediata fundada en una única voluntad rectora y configuradora del suceso que reside en el sujeto de detrás, mientras que el ejecutor es un factor incluido en el dominio de aquel[59].

«Así pues, -como lo indica Roxin- coexiste el dominio de la voluntad en virtud de coacción y el dominio de la voluntad en virtud de finalidad rectora del curso del hecho», (pág. 203), claro que bajo el criterio del dominio del instrumento.

---

55 Roxin, pág. 203.
56 Ibidem, pág. 212.
57 Ibidem, Pág. 201.
58 Ibidem, Pág. 201.
59 Ibidem, pág. 203.

A nivel de antijuricidad

El ejecutor obra con error de prohibición directo

El conocimiento de la antijuricidad puede ser formal y material, son dos facetas de conciencia, que se requieren para que el sujeto obre con plena ilicitud, constituye la parte subjetiva de la ilicitud del hecho, y a la vez representan grados de conocimiento, así pues, la antijuricidad formal, consiste en la contradicción que se suscita entre la norma penal y la conducta del infractor, de tal manera que el conocimiento formal de la antijuricidad consiste en el conocimiento por parte del sujeto de la existencia de una norma prohibitiva[60].

La antijuricidad material consiste en la contradicción entre la conducta del infractor con la norma y la razón por la cual la norma ha sido configurada, esto es, el bien jurídico siendo la esencia de la antijuricidad. La antijuricidad material conforma una lesión o puesta en peligro del bien jurídico, que es la razón de protección de la norma penal, el bien jurídico tiene una significación social y una valoración social lo que acarrea su protección penal mediante la norma, es así que el conocimiento de la antijuricidad material es la conciencia de la significación social de la norma, se sabe porque es que una norma que protege un bien jurídico, y que significa su protección para la sociedad, ahora bien el desconocimiento sobre estos aspectos de la antijuricidad genera un error de prohibición directo, atendiendo lo anterior puede ser formal o material, el error de prohibición directo formal se basa en el desconocimiento de la norma prohibitiva y el material en el desconocimiento de la significación social de la vulneración de la norma, o el significado social de protección.

Pero, que tiene que ver lo anterior con la autoría mediata. Como vimos el dominio de la voluntad, ha observado dos modalidades basado en coacción y en una voluntad rectora del curso de ésta. Como se ha venido desarrollando, se basa en un mayor conocimiento por parte del sujeto de detrás, con respecto al instrumento, lo que permite encausar a éste, de tal manera que ejecute el resultado del suceso. A nivel de antijuricidad, la situación es igual y se mantiene la voluntad configuradora[61] en razón de un mayor

---

60 Muñoz Conde, *Teoría*, pág. 401.

61 A. Bertoni. Eduardo, *Autoría y pParticipación*, Serie Justicia y Estado de Derecho, Fundación Myrna Mack, Guatemala, 1998.

conocimiento o su predeterminación, «dominio superior» lo llama Bustos Ramírez[62].

Sustentados en el conocimiento de la antijuricidad tenemos dos grados de consciencia o conocimiento, así:

El primero grado de conocimiento lo constituye la conciencia acerca de la antijuricidad formal, es decir, el saber que existe una norma penal de carácter prohibitivo.

El segundo grado de conocimiento opera sobre la base de la antijuricidad material, se sabe la razón por la cual se ha configurado la norma, porque protege determinado bien, socialmente reconocido.

El caso académico del instrumento que obra con error de prohibición directo formal es el siguiente:

María viene de una región de Europa donde es permitido el aborto, entabla una relación marital con un salvadoreño, éste la embaraza, y le pide que aborte, manifestándole que aquí tampoco está prohibido el aborto cuando en realidad sabe que sí, María engañada aborta. En este caso el sujeto induce a error a la mujer, y aprovechándose de tal error genera el resultado, pues él posee el dominio de primer grado, conoce la antijuricidad formal y la hace prevalecer sobre el error de prohibición directo formal[63], el dominio de la voluntad se ancla, en este caso en un grado superior del conocimiento, lo que hace regir el desarrollo del acontecimiento típico, de igual forma opera si el instrumento tiene un conocimiento de primer grado, para fundamentar la autoría del sujeto de detrás se requiere un grado mayor de conciencia, en este caso sería el segundo grado de conocimiento; Roxin estima al respecto: «afirmo que si el ejecutor directo solo tiene el dominio del hecho de primer grado, pero el sujeto de detrás tiene el de segundo grado, se da un presupuesto de autoría mediata»[64] es en este supuesto donde se llega a una configuración del hecho con pleno sentido, pues se tiene un conocimiento acabado de la constitución de la norma prohibitiva[65].

---

62 Op. cit., pág. 287.
63 Roxin, op. cit., pág. 221.
64 Ibidem, pág. 222.
65 Donna, Nuevas Formulaciones..., pág. 305.

Es la supradeterminación del sujeto de detrás, apoyada en el error de ejecutor directo lo que hace viable y permite construir y fundamentar la autoría mediata[66].

Cabe decir que si convergen en igual grado de conocimiento los sujetos, se desplaza la autoría mediata y se fundamenta la participación[67].

El ejecutor obra con error de prohibición indirecto

El error de prohibición directo no agota los presupuestos a nivel de antijuricidad donde puede aferrarse la autoría mediata, también hay que fundamentarla sobre el error de prohibición indirecto, ya en los elementos cofiguradores de las causas de justificación[68].

Las ideas rectoras que operan en el error directo, pueden predicarse aquí, claro que con las peculiaridades de las causas de justificación. Las causas de justificación están consideradas en el art. 27 N° 1, 2 y 3 pn. Y como lo dispone el art. 28 inc. 2 primera parte pn. El error indirecto invencible exonera de responsabilidad penal[69], si es vencible solo se atenúa con forme al art. 69 pn. ¿Cómo opera esto? Las causas de justificación todas se componen de un elemento objetivo y un elemento subjetivo. El elemento objetivo de las causas de justificación, lo constituye la situación típica justificante, es decir el hecho real, que se acopla al N° 1, 2 o 3 del art. 27 pn.

El elemento subjetivo se configura por el conocimiento y la voluntad del sujeto de actuar amparado por el derecho o justificado por el art. 27 1, 2 y 3. La falta de cualquiera de estos dos supuestos trae como consecuencia que el hecho sea ilícito[70], a falta de uno de estos dos elementos se genera error, si hay error en el elemento subjetivo, es porque el sujeto no quiso actuar conforme a derecho pero el resultado de su acción es amparado por el derecho. Si el error se genera en el elemento objetivo, el sujeto quiso actuar conforme a derecho pero el resultado de su acción es ilícita[71].

Si opera una causa de justificación, es porque los elementos (objetivos-subjetivos) se dan todos, pues ya sea uno y otro error para

66 Jacobs, op. cit., pag. 768.
67 Roxin, op. cit., pág. 221.
68 Jacobs, op. cit., pag. 775.
69 Bustos, op. cit., pág. 287.
70 Muñoz Conde, op. cit., pág. 330.
71 Ibidem, pág. 330.

fundamentar la autoría mediata, el sujeto de detrás ha de saber o conocer a cabalidad los presupuestos de las causas de justificación y configurar el suceso apoyado en el sujeto que sufre el error, el dominio de la voluntad, se arraiga en la supradeterminación, mediante el cual el sujeto de detrás valiéndose del error de prohibición indirecto -ya sea objetivo o subjetivo- con que actúa el ejecutor lleva el suceso a su construcción final típica[72] verbigracia:

Error en el elemento objetivo

«A» le manifiesta a «B», que «C» lo estará esperando cerca de su casa para matarlo, -«A» sabe que «C» su enemigo andará cerca de la casa de «B», pero no para matarlo- «B» prepara su arma y al estar cerca de su casa se percata de la presencia de «C» y le encesta siete disparos creyendo cierto lo manifestado por «A».

«B» realiza perfectamente al plan trazado por «A», en virtud de un conocimiento más acabado de la antijuricidad y subsume mediante error a «B», se consuma la voluntad de «A» como consecuencia del error que sufre en relación al hecho objetivo.

Error en el elemento subjetivo

«A» está decidido a matar a «B» su enemigo la próxima vez que lo vea -ya que ambos son enemigos a muerte-, «C» enemigo de «A», y sabedor de sus intenciones. sabe que «B» solo procurará no tener contacto con «A» si le dice éste que lo quiere matar, pero logra la determinación en «B» de matar a «A», sin comunicarle que «A» ya tomó la resolución de matarlo , y «B» mata a «A» en su primer contacto con él, comete un hecho antijurídico ya que no sabe y no tiene la voluntad de defenderse de «A», defensa que en realidad opera, pero toda esta situación ha sido fraguada por «C», quien dirige el curso del acontecimiento apoyado en su mayor conocimiento y logra concretar el resultado propuesto debido a su supradeterminación rectora.

Pero la autoría mediata también opera ahí donde hay un exceso en la justificación por lo tanto el hecho del instrumento es antijurídico[73].

---

[72] Jacobs sostiene que hay autoría mediata que pueda remitirse a la responsabilidad predominante del autor mediato, pág. 779.

[73] Jacobs, op. cit., pág. 776.

Ejecutor actúa lícitamente

El instrumento realiza una acción que está amparada por el ordenamiento jurídico[74], por supuesto cree que actúa de forma lícita no obstante desconocer el verdadero trasfondo de su actuación, como consecuencia de falsa información vertida por el no ejecutor[75], el instrumento obra por su parte de forma libre aunque engañado, el ejemplo más representativo es el del juez que al dictar sentencia fundada en evidencia falsa introducida al proceso por una parte, pues el no ejecutor tiene el dominio del instrumento en razón de su supraformación que orienta el desarrollo del acontecimiento, hacia el resultado, es un instrumento ciego en manos del sujeto de detrás[76], lo determinante en este supuesto es que «el sujeto inmediato realiza el tipo legal respectivo, pero no un injusto, en virtud de una causa de justificación»[77], en otras palabras: la autoría aquí tiene su basamento en la interrupción de la imputación por la justificación del ejecutor[78].

A nivel de culpabilidad

Ejecutor actúa con error sobre los presupuestos de la culpabilidad

Nos referimos aquí, a las causas de inculpabilidad separándolas por supuestos de estados de coacción cuyas ideas han sido desarrolladas antes.

Se ha venido desplayando una modalidad del dominio de la voluntad basada en la supradeterminación en una mayor comprensión de las circunstancias que rodean el suceso, las cuales se proyectan en la calificación categórica del mismo, que es percibida de modo restringido por el ejecutor directo.

Ya en el plano de la culpabilidad el hecho requiere que el sujeto tenga una significación social de su conducta, pues es evidente que tal valoración incide, como lo sostiene Roxin en la valoración de enjuiciamiento del hecho[79].

---

74 Bacigalupo, Enrique, *Lineamientos de la teoría general del delito*, pág.174; Donna, *Nuevas formulaciones…*, pág. 303.
75 Jacobs lo entiende como la organización del hombre de detrás, pág. 770.
76 Roxin, op. cit., pág. 255.
77 Bustos, op. cit., pág. 286.
78 Jacobs, op. cit., pág. 772.
79 Op. cit., pág. 234.

Como se va percibiendo el sujeto que mayores datos posee del suceso, es el que lo orienta, esto es así, ya que conoce más su significado, lo que le permite dominarlo, aquel que percibe los presupuestos y condiciones de la culpabilidad del hecho, capta más ampliamente su actuar, que aquel que solo posee el primer y segundo grado de conocimiento. En los supuestos en los que sujeto de detrás transciende el segundo grado de conocimiento por parte de sujeto de delante, conociendo los supuestos de culpabilidad hay que afianzar el dominio de la voluntad. Por eso, es señor del hecho de tercer grado y autor mediato[80].

El conocimiento de tercer grado supone el conocimiento de la culpabilidad o las condiciones de reprochabilidad que rodean el hecho. Esa cognición más amplia permite ubicar al de detrás en el eje determinante de la acción, «el plus de dirección con sentido impele al sujeto de detrás al centro del acontecer delictivo para un enjuiciamiento que capte el significado del suceso»[81]. Esto es la figura con potestad supradeterminadora a cuyos pies se cierne la acción, quien tiene potestad sobre la inculpabilidad del ejecutor del hecho, posee un «dominio superior»[82].

El ejecutor culpable

En este apartado el ejecutor directo realiza una acción típica antijurídica y culpable, es decir, comete un delito, pero es necesario que sufra un error que es el que permite que se configure una relación de autoría mediata culpable, que objetiviza el suceso por medio de un instrumento igualmente culpable, siguiendo la idea de Roxin estos supuestos son[83]:

1. Error sobre el sentido concreto de la acción.
2. Error sobre el riesgo, suscitado a raíz de una conducta culpable con representación.

Error sobre el sentido concreto de la acción

Este tipo de error abarca diversas clases de supuestos, estos son:

80 Roxin, op. cit., pág. 234.
81 Roxin, op. cit., pág. 235.
82 Jacobs, pág. 777.
83 Roxin, op. cit., pág. 235; Jacobs va en contra de la plena responsabilidad del instrumento, pero al contrario, sostiene que el autor mediato puede obrar de modo no plenamente delictivo, ¡si ambos son autores pueden ser también culpables!

Error en la persona:

Se crea aquí un error en persona deliberado, sobre la resolución de delinquir deliberada del instrumento, afectándose el resultado ideado por este.

«A» está esperando a «B» para matarlo, siendo ya oscuro en «X» lugar, «C» está con «A» y al ver «C» que su enemigo «D» se aproxima, insta a «A», para que le dispare, lo que así hace matando a «D», conforme lo planeo «C».

También se puede prescindir de la relación psíquica entre «A» y «C», pero este último enterado del plan de aquel puede hacer que «D» pase, produciéndose así un error en A»»», impidiendo también la presencia de «B».

Error sobre las condiciones que impulsan el cometimiento de la acción

El ejecutor realiza su plan sobre la base del error esto es, sobre datos falsos que lo motivan a la realización de su actuar criminal.

«A» le manifiesta a «B» que «C» acosa a su hermana, «A» sabe que «B» protege demasiado a su hermana, «A» lo hace para que «B» le propine una paliza a «C», como efectivamente así pasa. (Siendo que «C» nunca acoso a la hermana de «B»).

También puede ocurrir que «A» pretenda que «C» se defienda legítimamente de «B» y éste último sea agredido conforme a lo planeado por «A».

Roxin establece un tercer supuesto, que es el error sobre el presupuesto de la cualificacion[84], donde el ejecutor directo desconoce situaciones del hecho que de conocerla su acción se cualificará, sin embargo, esa situación puede ocurrir en cualquiera de los presupuestos anteriores, siempre y cuando el sujeto de atrás domine la situación y se aproveche del actuar del ejecutor directo merced de su error, ya que es una consecuencia lógica del articulo 67 Pn.

«A» es hermano de «B», éste espera a «C» para matarlo - «A» odia a su progenitor y planea matarlo «A» hace pasar a su progenitor en ese momento y lugar determinado (también es padre de «B» pero éste no le desea la muerte), cuando va pasando el progenitor,

[84] Roxin, op. cit., pág. 236.

éste le hace creer a «B» que es «C» y lo mata. En este supuesto «A» es autor mediato de homicidio agravado en tanto que «B» por su error es autor directo de homicidio simple. A esta conclusión se llega si se aplica la teoría del conocimiento conforme al art. 67 pn.

El cuarto grado de conocimiento

En estos supuestos el ejecutor obra de forma libre en sus decisiones y en su voluntad, pues el señor de la realización del tipo es el ejecutor, el cual obra con conocimiento de tercer grado, es decir, de la reprobabilidad de la acción, según Roxin puede darse una supradeterminación fundamentadora de dominio con respecto al resultado no querido por el ejecutor.

En el primer supuesto para el legislador, el hecho del ejecutor es de la misma forma reprochable; la misma validez tiene la vida de una persona que la de otra persona, y en nada afecta tal error en la realización del tipo, y como lo afirma Roxin es igual el reproche, pero esas consideraciones no tienen incidencia ya en relación a la autoría mediata, pues lo determinante en ella es el dominio sobre el instrumento; es el plan del sujeto de atrás el que se fraguó, el resultado que se proyectó es el que se generó, valiéndose de la ceguera del ejecutor, ubicándose así ambos en el óbice del suceso, uno por su ejecución aunque no querida y el otro por su mayor conocimiento, de carácter objetivo respecto la de acción, concretando su fin y realizando su voluntad, en un resultado que no cabe duda que es solo suyo.

El segundo grupo de supuestos, sigue la misma línea de solución que el primero, solo que aquí sobre la base de los presupuestos determinantes de la acción, ya que son los que generan y hacen decidir al ejecutor cometer la acción penal, a la que sin él no se habría llegado[85].

El sujeto de detrás conoce de cierto el sentido de la acción, conocimiento que no posee el sujeto de delante, este error ha de versar siempre sobre información falsa que no se refiere al sentido de la acción, o simplemente ideas que vedan el conocimiento del sentido de la acción[86].

---

85 Roxin, op. cit., pág. 241.

86 Roxin, op. cit., pág. 242; Jacobs, op. cit., pág. 774.

De tal manera que si un sujeto vierte un engaño que oculta el sentido de la acción, haciendo que el instrumento a raíz de tal error cometa un crimen en otra persona, o ésta lo agreda en virtud de su acción errada tiene el dominio del instrumento siendo autor mediato, como lo manifiesta Roxin[87]:

«Si un sujeto sirviéndose de un error sobre el sentido de la acción concreta, ocasiona que otro ataque a un tercero para que éste lesione o incluso mate en legítima defensa al agresor, existe autoría mediata con ayuda de dos instrumentos (uno que yerra y otro que se ve forzado)» por supuesto que como antes se mencionó no solo el tercero puede agredir o defenderse, sino el que yerra también al tercero, en el mismo sentido lo concibe Jacobs[88].

Error sobre el riesgo

El ejecutor en este caso realiza la acción proyectándose en la mente la probabilidad que el resultado de su accionar no se producirá, pero esa concepción psíquica se origina a raíz de un engaño o error, provocado por el sujeto de detrás el cual posee un mayor conocimiento acerca del resultado, lo vislumbra con acierto y se encuentra seguro de su acaecimiento.

La determinación entre dolo eventual y culpa con representación, es intrascendente en este aspecto en nuestro ordenamiento, ha de resolverse de acuerdo a la teoría del asentimiento y de la teoría de la imputación objetiva, pero eso queda fuera de lo aquí tratado, lo relevante es fundamentar la autoría mediata por medio del error y el papel que debe tener este para tal efecto.

El error imprimido por el sujeto de detrás debe ser causal del resultado, esto es de saber el ejecutor lo que sabe el no ejecutor no habría actuado y por lo tanto no habría resultado.

Si el ejecutor no obstante el engaño del sujeto de detrás está determinado a actuar de todos modos el error es entonces intrascendente al decir de Roxin «de entrada quedan descartadas del ámbito de la autoría mediata todos los casos en que el sujeto de delante no habría obrado de modo distinto de haber tenido el mismo conocimiento que el sujeto de detrás»[89], y es la razón de que por el engaño

[87] Ibidem, pág. 243.
[88] Op. cit., pág. 774.
[89] Roxin, op. cit., pág. 246.

deja de tener eficacia generadora del acontecer, no habría surtido efecto en el acontecer global.

En cuanto al mayor conocimiento del sujeto de detrás cuando este se vuelve causa posee una condición que le permite configurar el suceso a su antojo, dominando ciertamente el sujeto ejecutor, entonces hay supradeterminación y por tanto autoría mediata, Roxin lo resume de la siguiente manera «donde el engaño sobre la probabilidad que de se produzca el resultado sea causal para la decisión del agente, o donde el conocimiento del riesgo real le habría hecho abstenerse del hecho, la creación o el aprovechamiento de ese error fundamentó la autoría mediata del no ejecutor los errores sobre el riesgo del agente que sea irrelevante para su decisión hacen desaparecer la cooperación del sujeto de detrás como cooperación. Otro tanto ocurre cuando ambos sufren el mismo error»[90].

En otras palabras, si el engaño no surte efecto que modifique la conducta del ejecutor, ya que éste ya estaba predeterminado a causar el resultado no hay autoría mediata; si ambos sujetos se proyectan con semejante entidad la probabilidad de la producción del resultado, no hay supraconfiguración del suceso, por ende, tampoco autoría mediata solo participación.

El ejecutor es menor de edad

Los menores de edad están sometidos a una reacción penal relativa, no se les enjuicia conforme al código penal, pero sí de acuerdo a la ley penal juvenil, no obstante las figuras penales que se les aplica son las mismas figuras del código penal y la construcción de su acción se le hace a partir de la teoría general del delito hasta el nivel de antijuricidad ya que en ellos (los menores) siempre operan una causa de inimputabilidad, que es la minoría de edad[91], lo que no les permite ser culpables de un injusto penal, opera entonces la ley penal juvenil, que retoma la antijuricidad, presupuesto de cuyo seno inicia la autoría, la que hay que construir, claro que con las limitaciones del conocimiento de la culpabilidad, pues de acuerdo a las consideraciones apuntadas no cabría la autoría mediata de un menor pasado en el cuarto grado de conocimiento, pues si es imputable no se le requiere el conocimiento de la culpabilidad. Teniendo

---

90 Ibidem, pág. 247.
91 Bustos, op. cit., pág.287.

en cuenta la limitación categorial de la minoría de edad, podemos afirmar que los menores pueden ser autores pero siempre inculpables[92].

En cuanto a la autoría mediata teniendo como instrumento a un menor, operan las ideas básicas antes expuestas[93] y las dos modalidades desarrolladas del dominio del instrumento son aplicables aquí con las limitaciones que impone la inculpabilidad por minoría de edad. Entonces se instrumentaliza los inimputables por coacción o por supraconfiguración del acontecer según sea el supuesto.

Así como rige la autoría, también la participación, como es de carácter accesorio encuentra asidero la misma siempre será participación inculpable si el interviniente es menor, en tanto que también puede haber participación culpable anexa a autoría inimputable[94].

Dominio de la voluntad en virtud de estructuras organizadas de poder

La tesis de Roxin

Con la modalidades anteriores del dominio de la voluntad del instrumento no quedan agotadas los supuestos de autoría mediata[95], Roxin desarrolla una tercera modalidad que resurge como necesidad después de la posguerra, opera más que todo en crímenes de guerra y genocidio[96], donde existe la necesidad de juzgar crímenes cometidos por sujetos que tienen en sus manos la disposición de toda una maquinaria organizativa[97], la cual articulan y la hacen funcionar para concretar sus planes delictivos, siendo que los ejecutores directos, actúan de carácter libre y fungible, es decir, susceptibles de ser cambiados de no obedecer las órdenes que se les han impartido, y es que como lo apunta Roxin, los barenos individuales, esto es, personales de enjuiciamiento ya no dan cuenta de estos casos; La autoría mediata según Roxin se fundamenta en la fungibilidad del ejecutor, se considera que no es así, ya que el poder de dirección del

---

92 Ibidem, pág. 287.
93 Roxin, pág. 257.
94 Bustos, op. cit., pág. 287.
95 Donna, *Nuevas Formulaciones...*, pág. 309.
96 Lascano, Carlos Julio, *Teoría de los aparatos organizados de poder y delitos empresariales. Nuevas formulacione*, pág. 351.
97 García Vitor, Enrique, *La tesis del dominio del hecho a través de los aparatos organizados de poder. Nuevas formulaciones*, pág. 329; Lascano, op. cit., pág. 350.

sujeto de detrás aquí reside en lo pactado que le imprime la máquina puesta a su disposición, de cuyo factor depende concretar sus crímenes, la fungibilidad sólo es una consecuencia que vuelve prescindible al ejecutor a raíz de semejante engranaje de imperium lo que constituye una cadena[98], de la cual, cada eslabón puede constituir un autor y así hacer una cadena de autor de detrás del autor[99].

La organización de poder se puede encarnar en el propio Estado, cuando los que ostentan el poder usan las instituciones como medio de represión y para mantener su poder, claro que nos situamos al margen de un estado de derecho[100].

El otro caso es de la organización que se oculta dentro del Estado, teniendo el carácter de clandestina, «*Estados dentro del Estado*», como dice Roxin[101], por lo que se genera una relación de contradicción entre ambas entidades con las consecuencias que ello conlleva.

De todos modos se debe observar en la organización la esquematización que ostenta la jerarquía de sus dirigentes y la fungibilidad de los ejecutores y el accionar en contra de la ley, condiciones que hay que observar para estimar una organización estructurada y fundar así el dominio del instrumento.

Esta tesis ha sido acogida por parte de la doctrina, pero también ha sido objeto de innumerables críticas, lo cierto es, que es objeto de discusión y se ha aplicado en innumerables casos en diversos Estados, tanto Europeos como Latinoamericanos[102].

Las organizaciones criminales que responden a la idea de los aparatos de poder organizados, operan al margen del marco del Derecho y «operan desde el comienzo fuera de la ley»[103], se dan en los casos de «la mafia siciliana, las formaciones terroristas (como ETA en España o IRA en Irlanda del Norte) o guerrillas con estructura jerarquizada (como el sedero luminoso en Perú o ERP en Argentina)»[104], así como el FMLN en la época de guerra en El Salvador

---

[98] Ibidem, pág. 330.

[99] Roxin, op. cit., pág. 274; Donde se excluye la participación según Lascano, op. cit., pág. 365.

[100] Ibidem, pág. 275.

[101] Op. cit., pág. 276.

[102] Matilde Bluera, *Autoría y dominio de la voluntad a través de los aparatos organizados de poder. Nuevas formulaciones*, pág.267.

[103] Lascano, op. cit., pág. 378.

[104] Ibidem, pág. 378.

(El terrorismo de Estado, en América Latina)[105] estos rubros criminales en la doctrina responden al acápite criminal de «criminalidad organizada» en nuestro orden jurídico penal según el Art. 22 Ltr. A Pn. se denomina «Crimen Organizado», el cual se pretende disolver prohibiendo el estadio de su tentativa mediante la figura típica de «Asociación ilícita», y en nuestro ordenamiento como «Agrupaciones ilícitas» Art. 345 Pn con independencia de los delitos que se ejecuten en las mismas[106].

El presupuesto esencial de la autoría mediata en este caso es la existencia de una estructura de organización y un dominio proyectado en un ejecutor fungible con independencia de su aspecto sujetivo[107], tal organización debe observar necesariamente una contraposición al ordenamiento jurídico lo que constituye un distintivo diferenciador, junto a la fungibilidad, de los casos de coacción y de error[108], generándose lo que en la doctrina se conoce como automatización, la esquematización para delinquir por lo que el ejecutor no tendrá porque negarse a la orden antijurídica[109].

La necesidad de esta modalidad y con ello su análisis surge con posterioridad a la 2° guerra mundial en el juzgamiento de los delitos de lesa humanidad[110].

Fue en la defensa de Eichmann donde se vislumbraron los aspectos objetivos que luego utilizaría Roxin para fundar la Teoría Dominio de la voluntad a través de los aparatos Organizados de Poder[111].

Así según Matilde las características de ese aparato organizado de poder tal como lo sostiene Roxin, solo puede encarnarse en el «Estado -Organizaciones para o super estatales, capaces de disponer recursos de los Estados, o con estrecha vinculación con la organización estatal, de lo contrario no se presentaría el grado de funginilidad de los ejecutores directos»[112].

---

105 Matilde de op. cit., pág. 263.
106 Lascano, op. cit., pág. 378.
107 Lascano op. cit., pág. 378.
108 Ibidem, pág. 379.
109 Ibidem, pág. 379-386.
110 Matilde Bruera, *Autoría y dominio de la voluntad a través de los aparatos organizados de poder. Nuevas formulaciones*, pág. 261.
111 Matilde, op. cit., pág. 261.
112 Ibidem, pág. 264.

«El BGH (Tribunal Supremo Alemán) condenó[113] a los soldados de frontera que disparaban contra las personas que querían huir pero también a los miembros del Consejo Nacional de Defensa de La República Democrática Alemana, por ser autores mediatos por haber dado las ordenes de matar»[114].

Hoy en día ha cobrado gran auge la Teoría de la autoría mediata a través de estructuras organizadas de poder[115], tal como se manifestó; tanto que la importancia que ha generado esta teoría se desplaza hacia los fenómenos de la globalización económica, esto es los delitos económicos o empresariales, a los directivos de sociedades que emiten ordenes de cometer ilícitos penales, y a sus subalternos tanto en Alemania como en España, por lo que la estructura jerárquica no es percibida necesariamente como Estatal o paraestatal, pero si como centro de decisiones ilegales[116], delitos ambientales y en infracciones masivas en los derechos humanos[117], la verdad es que aunque en la dogmática penal se perciban barreras para aplicar este criterio de autoría mediata, un criterio que las justifique debe guardar gran semejanza con el de las organizaciones de poder por la identidad que guardan[118].

---

113 Lascano, op. cit., pág. 349.
114 Matilde, op. cit., pág.269.
115 Matilde, op. cit., pág. 270.
116 Lascano, op. cit. pág. 375.
117 Matilde, op. cit. pág. 270.
118 Lascano, op. cit. pág. 389.

CAPÍTULO I
PLANTEO DEL PROBLEMA

La participación, es, necesariamente, accesoria, es decir, dependiente de la existencia de un hecho principal. Esa accesoriedad no es «producto de la ley», ella está en la naturaleza misma de la cosa. Complicidad e instigación presuponen, conceptualmente «algo» al cual se prestan.

El grado de dependencia puede, sin embargo, ser muy diferente. Las posibles diferenciaciones han sido descriptas por M. E. Mayer, quien les asignó nombres de fácil retención (*versuch und Teilname*, en *Aschrott-Liszt Reform des Strafgesetzbuchs*, 1910, p. 355; *Lehrbuch*, 1915, p. 391). La participación es accesoria al mínimo, cuando para su punición es suficiente que el autor principal haya concretado un tipo legal; es accesoria en forma limitada, si la realización del tipo por parte del autor principal tiene que ser antijurídica; la accesoriedad es máxima tan pronto como se exige que el autor principal haya actuado también culpablemente; es «hiperaccesoria» cuando las condiciones personales del autor principal, que tienen por efecto aumentar o disminuir la penalidad, se transmiten al partícipe.

La primera y la última de esas formas no han sido tomadas nunca en consideración seriamente, ni por la ley, ni por la crítica a la ley (la «hiperaccesoriedad» fue excluida ya de la vieja versión del § 50). La accesoriedad extrema era el punto de sustentación del Código Penal, hasta la reforma del año 1943 (*Strafrechtsangleichungsverordung* de 1913), probablemente de acuerdo con la doctrina imperante. Con la nueva versión, se pasó a la accesoriedad limitada. Con esa versión, actualmente vigente, se fijan las bases del orden en la participación.

El cambio encontraba, en general, buen recibimiento, pues la accesoriedad extrema presentaba serios inconvenientes. Se confiaba en que con el nuevo principio se superarían esos inconvenientes. Sin embargo, el entusiasmo producido por la reforma se enfrió un tanto, pues resultó que la limitación de la accesoriedad no solamente no eludió las dificultades ya existentes, sino que, además, creó otras nuevas. Así, pues, con la accesoriedad limitada no se presentan menos problemas que con la extrema. Esto obliga a plantearse el problema, preguntándose hasta dónde llega realmente la accesoriedad. ¿Está realmente bien concebida la fórmula tradicional, según la cual la punición del partícipe no presupone otra cosa que una acción antijurídica adecuada al tipo? ¿O es que la punibilidad del instigador y el cómplice, aun bajo la accesoriedad limitada, es independiente solo de algunos elementos de la culpabilidad del hecho principal, pero no de todos?

Contribuir a aclarar estos problemas, es la misión que hemos fijado a este trabajo. Para poner en evidencia la importancia del tema, es recomendable enfrentar las dificultades que plantea el dogma de la accesoriedad extrema, con las lagunas que presenta el de la accesoriedad limitada.

Accesoriedad extrema significa dependencia de la participación de un hecho principal culpable. En la interpretación de los §§ 47 y ss. de la versión anterior era aún más restringida: el hecho principal no tenía que ser únicamente culpable, en general, sino doloso. De ello resultaba que la participación punible no era posible si faltaba, por una razón cualquiera, la culpabilidad dolosa del autor principal, sea que se tratara de un incapaz de culpa, o de alguien que hubiera actuado sin dolo (aunque quizás culposamente) o a quien no se podía exigir un actuar de acuerdo al derecho (como en el estado de necesidad del § 54 C. P.). Ese resultado no era satisfactorio, pues, frecuentemente, se mostró la necesidad de penar al partícipe aun en casos en que el autor principal no era culpable. Quien decide a un enfermo mental a cometer un hurto, no puede quedar sin sanción. Quien decide al que tiene su vida en peligro, a que se salve a costa de la vida de otro, en ciertas circunstancias, puede ser merecedor de pena, pues, en caso de no ser familiar del necesitado, ¿cómo llega a disponer sobre vida o muerte de un tercero? Aún más, puede ser merecedor de pena la participación en un hecho principal culposo.

En un lugar el legislador se encuentra con las consecuencias desagradables a que obliga la accesoriedad extrema: en el § 4 de la ley del tribunal de menores del año 1923, se determina que la pena del instigador y del cómplice, del favorecedor y del encubridor, no es alcanzada por las disposiciones sobre la incapacidad de culpa de niños y adolescentes. Con ello se abandonó el principio de la accesoriedad estricta para la participación en acciones de menores, precisamente en los casos de mayor importancia práctica. Los otros casos debieron resolverse por vía de la autoría mediata. Quien se vale en la ejecución del hecho punible de un inculpable, puede, de cualquier modo, ser punible, si actúa bajo determinadas circunstancias que lo hacen aparecer a él mismo como autor. Esas circunstancias se dan frecuentemente en los casos de decisión o ayuda al hecho de un enfermo mental, a menudo en la participación en un hecho principal no doloso y algunas veces, ocasionalmente, en la colaboración en un hecho en estado de necesidad ajeno.

Ese presupuesto no se da siempre. Según la teoría reinante, autor inmediato es solamente quien tiene «voluntad de autor». Por ello, el autor mediato debe conocer las circunstancias que en la persona del autor principal conducen a la exclusión de la culpabilidad. No conociendo esas circunstancias, la suposición de un «animus auctoris», ya de por sí siempre problemática, resulta muy difícil de fundamentar en tales casos. Entonces, siempre que el que obra se equivoca con respecto a los planes del autor principal, tampoco la construcción de la autoría mediata da plena satisfacción con respecto a la necesidad de aplicar pena. La construcción fracasa, también, en otros dos grupos de casos, a saber: por una parte, en los delitos solo comisibles de propia mano («*eigenhändig*»), en los que está conceptualmente excluida la autoría mediata; por otra parte, cuando el tipo presupone determinadas calidades personales en el autor principal, que éste posee, pero no el cooperante. Al primer grupo pertenecen, acaso, el perjurio y los delitos sexuales, porque el primero consiste en un decir que solo puede pronunciar el que jura, y los segundos porque la amenaza de pena para la realización de un acto impuro solo vale como tal y afecta únicamente, por tanto, al mismo que lo ejecuta. Al otro grupo pertenecen los delitos especiales, particularmente los delitos de los funcionarios, si que también, aquellos en que el tipo requiere una particular intención, como el hurto, la estafa y el chantaje. En esos casos puede ser autor mediato solamente el propio funcionario o quien actúa con intención de apropiación o enriquecimiento. A pesar de la posibilidad de penar también al autor mediato, con el punto de vista de la accesoriedad extrema, aparecen amplias lagunas para la punibilidad. Naturalmente, no han faltado tentativas de llenarlas, mediante distintas formulaciones, en cuyo detalle no es necesario entrar, pues la necesidad de una evolución hacia la accesoriedad limitada, no dejó de ser urgente. La limitación de la accesoriedad está llamada a cerrar, en cuanto sea posible, esas lagunas. ¿Cumple esa misión, de acuerdo con la opinión de sus partidarios y la de los intérpretes del derecho vigente?

Del análisis de la literatura resulta que, al respecto hay, en todo caso, muy poca claridad. Esto se muestra en las propias contradicciones que aparecen en ella, sobre puntos fundamentales, las más visibles en tomo al problema que plantea la posibilidad de participación en los hechos no dolosos.

SCHÖNKE, por ejemplo, declara («*Strafgesetzbuch*, observaciones previas, antes del § 47, V, 2) que no es decisivo el hecho de que el autor principal haya actuado o no con dolo culpable, pues instigación punible puede haber también cuando el autor no actúa dolosamente (§ 48, V); no es necesario la conciencia del que instiga de que él es instigador a una acción punible (§ 48, III, 3); es posible y punible también la instigación, y aun la complicidad, en hechos culposos (§ 48, VI; § 49, IV, y § 50, I); no es preciso que el autor principal actúe simplemente, con el denominado dolo «natural» (§ 48, V). Por otra parte, sin embargo, SHÖNKE define la instigación, por tres veces, como producción de la decisión al hecho (§ 48, I y III) y la fundamenta, como es usual, en que, según el texto de la ley, el instigador debe determinar a otro al hecho punible. ¿Cómo se armoniza esto?

A la exposición de SHÖNKE se asemeja la de MEZGEK (6ª Auflage des *Leipziger Kommentars*). Él interpreta la nueva versión de los §§ 48 y 49 en el sentido de exigir una acción solo «objetivamente» antijurídica del autor principal y renuncia a un hecho principal también «subjetivamente» punible. (7, antes del § 47). Consecuentemente, enseña que la punibilidad del instigador se mantiene aun cuando por incapacidad de imputación «o por otras razones», falta la culpabilidad en el instigado (§ 48, 3d). Por tanto, no está excluida la instigación a la comisión de hechos culposos (§ 48, 2b), lo mismo que es posible la complicidad en hechos negligentemente culpables (§ 49, 4). Por otra parte, manifiesta, que el primer presupuesto de la instigación es crear en otro el dolo de autor «de acuerdo con el aspecto totalmente interno del hecho delictuoso» (§ 48, 2 y 2 b). ¿Cómo se coordina esto?

En forma semejante se manifiesta KOHLRAUSCH. Entiende por «acción amenazada con pena», en el sentido de los §§ 48 y 49, «toda manifestación de voluntad, no cubierta por un fundamento de justificación, que concreta el tipo objetivo de una ley penal» (*Strafgesetzbuch*, 38ª ed,. III, A, 3d, antes del § 47). Lógicamente, explica, ningún fundamento de exclusión de culpa que exista solamente en el autor principal descarga al partícipe (ob. cit., III, A, 3 c); el partícipe que por su parte no obró con error, no puede en modo alguno beneficiarse con el error del autor principal (ob. cit., III, A, 3 a). Por otra parte, establece que, a pesar del relajamiento de la accesoriedad —tanto en el nuevo como en el antiguo derecho—, es esencial para la instigación el impulso de una «decisión para el hecho» (I, B, 3 f, antes del § 47) y define la complicidad como «prestación dolosa de ayuda para la comisión de un crimen o delito doloso» (!) (§ 49, 2). Por cierto que KOHLRAUSCH percibe lo problemático de esa contradicción, que en SHÖNKE y MEZGER queda totalmente inconexa. Él piensa en solucionarlo adjudicando al «saber y querer el resultado» otro lugar sistemático, sacando «el dolo natural» del grupo de los elementos de la culpabilidad y situándolo entre los presupuestos de la acción voluntaria, como lo quiere el finalismo. Si el dolo es parte constitutiva de la acción y no de la culpabilidad, entonces falta la *adecuación típica* en los hechos no dolosos (culposos). Desaparece, entonces, también desde el punto de vista de la accesoriedad limitada, la posibilidad de aceptar participación punible y con ello la instigación y la complicidad en conductas culposas. «Sin embargo, esta construcción solo es tomada en cuenta por KOHLRAUSCH, pero no puesta en práctica (III, A 3 d, antes del § 47). En cuanto al problema de si es necesario que se concrete la representación, del resultado que pertenece a la acción, (¿es suficiente que el autor dispare con voluntad?, ¿tiene que saber, también, que dará en el blanco? ¿o, debe llegar hasta saber que matará a un hombre?), queda abierto por KOHLRAUSCH. Y en la decisión de los casos puestos a modo de ejemplo, acepta repetidamente instigación y complicidad en hechos no dolosos (III, A 3d, antes del § 47, ejemplos 3 y 5). En el *Bumke-Festschrift* (p. 50), declara, con miras a la adopción de la entonces esperada accesoriedad limitada, que la complicidad (no así la instigación) en un hecho culposo, sería en el futuro, no solo imaginable, sino, también punible.

Contradicciones semejantes muestran los partidarios de la accesoriedad limitada, ya antes de la nueva ley de 2943. Ejemplos de esa índole se encuentran en M. E. MAYER y KANTOROWICZ. MAYER declara que ni el § 48, ni el § 49, limitan la extensión de las penas (como tal considera las disposiciones de la participación) a hechos principales dolosos. Por eso juzga suficiente un hecho principal culposo. Pero poco antes dice que es característico de la instigación que el autor adopte la decisión criminal del resultado. (*Lehrbuch*, p. 407, p. 15, nota 28 y p. 393). KANTOROWICZ establece primero que la punibilidad del partícipe es independiente de la culpabilidad d!el autor principal. De ello deduce que tiene que resultar indiferente el fundamento de exclusión de la culpabilidad en el autor principal: «Puede ser que haya faltado la capacidad de imputación..., puede ser que haya faltado la imputabilidad a consecuencia de un error esencial, puede ser que haya faltado la exigibilidad, a consecuencia de un estado de necesidad o de otra situación forzosa» (*Tat und Schuld*, 1933, p. 103). De ahí debiera llegarse a otra conclusión: que la participación punible también puede existir en hechos culposos. Mas no se ha hecho; por el contrario, pocas páginas más adelante, (p. 111) dice KANTOKOWICZ: únicamente se puede hablar de instigación cuando se ha generado en el autor principal el dolo para el hecho; en el caso de haber actuado sin dolo, acaso «porque un error le ha impedido ver el alcance de su acción, en su aspecto material o jurídico», entra en consideración la autoría mediata. Pone el siguiente ejemplo: cuando Loki induce a Hödur, que es ciego, a que descargue su arma sobre Baldur, sin que él sepa que es eso lo que hace, de acuerdo con todas las teorías de la culpabilidad y la participación, Loki ha cometido el delito como autor mediato y no ha instigado a otro a cometerlo. Además dice que el instigado «debe haber actuado con el pleno dolo que requiere la especie de hecho de que se trata» (p. 113). Por cierto que no es ese el punto de vista sostenido en general. Nuevamente, algunas páginas más adelante, se acepta, a través de un caso puesto como ejemplo, la instigación a un hecho principal no doloso.

Con la reseña de la doctrina que hemos hecho, parece suficiente para demostrar que no se ha llegado aún a un acuerdo sobre si la limitación de la accesoriedad ha emancipado o no la punibilidad del partícipe del dolo del hecho principal.

Tampoco está aclarada aún otra cuestión: hasta dónde la disculpa, por no exigibilidad de una conducta adecuada al derecho del autor principal, tiene efecto retroactivo para el partícipe. La cuestión en sí es muy poco tratada, y entre los pocos que se ocupan de ella, hay marcadas disidencias.

KOHLRAUSCH declara que, en la accesoriedad limitada, la participación en hechos de estado de necesidad que solo disculpan, es punible si no asisten al partícipe, a su vez, fundamentos de exclusión de culpabilidad. (*Bumke-Festschrift*, p. 50). Idéntico es el punto de vista de KANTOKOAVICZ (*Tat und Schuld*, p. 6). Para sustentar su opinión, dice que se ha esmerado vanamente «para encontrar una posición que resulte equitativa para la punibilidad de quien determina a otro a una acción en estado de necesidad disculpante» (p. 123). Sin embargo, sobre la equidad de ese resultado, otros han pensado de modo muy distinto (KANTOROWICZ, ps. 122 y s., remitiéndose a V. HIPPEL, *Strafrecht*, II, p. 236, y a DAHM, *Täterschaft un Teilnahme*, en el proyecto oficial de código penal general para Alemania, *Strafrechtl. Abhandlung*, cuaderno 224, p. 92). Para WELZEL la conclusión es en tal medida intolerable, que el deseo de evitar llegar a ese resultado, ha formado parte de los motivos que le decidieron a pensar que el estado de necesidad es un fundamento de justificación (*Strafrecht*, 1947, p. 50). KOHLRAUSCH supone, adrede, que en la coacción sobre otro para la comisión de un hecho impune según el § 52, hay autoría mediata y no instigación (I, B, 3 b, antes del § 47), lo mismo que MEZGER (§ 48, 2, e). Pero lo que vale para el estado de coacción, debe ser también válido para el estado de necesidad (§ 54), pues ambos son, tanto para KOHLRAUSCH como para MEZGER, fundamentos de disculpa de la misma naturaleza.

De lo dicho resulta que el problema de saber qué alcance tienen los fundamentos de disculpa dentro del planteo de la accesoriedad limitada, no está todavía resuelto.

Únicamente existe acuerdo sobre un punto: que, de todos modos, la incapacidad de culpa del autor principal no se trasmite al partícipe, sea que resulte de inmadurez juvenil, de trastornos de la conciencia, de enfermedad mental o de debilidad mental. Esto no quiere decir que toda cooperación en el hecho de un incapaz de culpa deba o pueda ser penada siempre como instigación o complicidad. Mas ella es, de cualquier manera, auténtica participación, cuando es realizada con las modalidades de la instigación o de la complicidad; a saber, generando la decisión del hecho o como mera prestación de ayuda a un hacer ajeno. Queda aún un espacio ocupado por la autoría mediata, que se da cuando el tercero conoce las deficiencias de la personalidad que hacen incapaz de culpa al autor principal, al que utiliza como un instrumento valiéndose de esas deficiencias. Está todavía en pie el problema que plantean los casos en los que el que actúa no conoce exactamente la personalidad del autor principal y por eso se engaña en cuanto al carácter de su propio papel: él cree haberse valido de un incapaz de imputación, cuando ha instigado, en realidad, a un autor responsable. El número de estos casos es reducido. En la situación inversa, que es prácticamente la importante, un partícipe toma al otro por perfectamente capaz, cuando es en realidad un enfermo mental, pudiendo entonces ser penado, sin más, por participación. En este aspecto, el paso a la accesoriedad limitada ha aportado, sin duda, un beneficio importante; sobre esto no cabe discusión.

En cambio, queda aún por examinar si la participación punible es, también, realmente posible, cuando el hecho principal es no doloso o resulta disculpable por inexigibilidad de una conducta adecuada al derecho. En analizar estos dos problemas consiste la verdadera labor que aquí realizamos.

CAPÍTULO II

LA RELACIÓN DE LA PARTICIPACIÓN CON EL DOLO Y LA CONCIENCIA DE LO INJUSTO DEL AUTOR PRINCIPAL

Antes de considerar esa relación, es preciso ponerse de acuerdo sobre el concepto del dolo. Ello no es difícil, en cuanto a la estructura fundamental del concepto. El dolo contiene, indudablemente, un elemento de voluntad y un elemento intelectual. Aquél está constituido por la voluntad de acción; éste por el conocimiento de lo que se concreta con la acción. Sin embargo, las opiniones se dividen frente al interrogante ¿hasta dónde debe llegar ese conocimiento? Según la opinión reinante, debe extenderse, por una parte, a las «circunstancias de hecho» que son características del tipo legal, y por la otra a la antijuridicidad del acto. Por tanto, el conocimiento del tipo y la conciencia de lo injusto pertenecen ambos al dolo. Y ambos son objeto del mismo tratamiento en la valoración jurídica, también para la participación. Para quienes consideran posible la participación en un hecho principal no doloso, ella existe, también cuando falta en el autor principal la conciencia de lo injusto. En ese sentido se decide KOHLRAUSCH (III, A 3 c, antes del § 347, caso N° 4).

Últimamente, sin embargo, aumenta el número de las opiniones que consideran el conocimiento de la antijuridicidad como una característica de la culpabilidad, pero no como una parte constitutiva del dolo. (Sobre esto, véase ps. 36 y ss.). Desde ese punto de vista, aparece un modo diferente de tratar la participación, según falte en el autor principal el conocimiento de las circunstancias de hecho o, únicamente, el conocimiento de la prohibición. Esa variante debe ser tenida en cuenta por la investigación. Se limita primeramente el problema al significado que tiene el hecho principal no doloso, en el que falta el conocimiento de la situación de hecho, para la punibilidad de la participación (solo con este significado emplearemos en adelante la palabra dolo). El otro problema se pregunta si la falta de conciencia de lo injusto por parte del autor principal, tiene efectos sobre el partícipe y debe ser objeto de un análisis particular.

La base de la solución la constituye el dogma, según el cual, no es preciso que el hecho principal sea culpable (§ 50, I.C.P.). De ello resultan tres posibilidades: a) que la cooperación en hechos no dolosos, es participación auténtica (SCHÖNKE, MEZGER); b) que, a pesar de la limitación de la accesoriedad, queda en pie la exigencia de un hecho principal doloso; sin embargo el dolo no se computa a la culpabilidad, sino a la acción, de modo que un hecho doloso no precisa ser, necesariamente, un hecho culpable. Puede así mantenerse la exigencia de un hecho principal doloso, sin que el principio fundamental de la accesoriedad limitada corra por ello riesgos. (KOHLRAUSCH y la teoría de la acción finalista); c) por último, el dolo es característica de la culpabilidad, pero no es, sin embargo, la única parte constitutiva de ella, sino una entre varias; de modo que, cuando falta alguna de las otras, aun la acción dolosa no es culpable. Al mismo tiempo, el concepto de accesoriedad limitada es motivo de otra limitación en el sentido de que independiza la participación solo de algunos elementos de la culpabilidad, pero no de todos, y no, ciertamente, del dolo. Esas tres posibilidades deben ser objeto de consideración por separado.

I

Lo primero es preguntarse si el texto de la ley ofrece puntos de apoyo para la solución. Ese recurrir a la *verba legis* está tanto más indicado cuanto que las disposiciones sobre participación han sido modificadas por la reforma de 1943, en el sentido de una transición entre la accesoriedad extrema y la limitada. Se esperaba que en esa oportunidad la intención del legislador hubiera sido expresada claramente. Sin embargo, esas esperanzas no se vieron colmadas.

El principio de la reforma está contenido en el § 50, I: Si son varios los que participan en un hecho, cada cual es punible de acuerdo a su culpabilidad, sin tomar en cuenta la culpabilidad del otro. De donde resulta, ciertamente, que el partícipe puede ser culpable aun cuando el autor no lo sea. Lo que no dice el § 50, I, es si es también indiferente la razón que motiva la no culpabilidad del autor principal, o si, con miras a la punición del partícipe, corresponde diferenciar si falta en el autor principal la capacidad de imputación o la imputabilidad o no le es exigible una conducta adecuada al derecho.

El § 50, II, pareciera subsanar el olvido. Entre las circunstancias y calidades personales, que solo deben computarse y acreditarse al *autor* o al *partícipe* en quien se manifiestan, se mencionan aquellas que excluyen la pena, sin hacerse limitación alguna. Si entre ellas estuvieran incluidas las causas que excluyen la *culpabilidad,* podría llegarse a la conclusión de que la punibilidad del partícipe en los casos de error o estado de necesidad del autor, guarda la misma relación que su incapacidad de imputación. Pero el § 50, II no puede ser interpretado de ese modo.

Por una parte, es dudoso que la disposición en sí misma se refiera a las causas que excluyen la culpabilidad. Ella trata de las circunstancias y calidades personales que *eliminan la pena*. Pero con ello no se refiere a otra cosa que a lo que la terminología tradicional llamó «fundamentos personales de exclusión de pena» (por ejemplo, el parentesco en el § 247). Tal la interpretación de WELZEL (*Strafrecht,* ps. 35 y 68 y ss.) y de SCHÖNKE (§ 50, II, 2). Para ambos el § 50, en su última redacción, no trae nada nuevo con respecto a los fundamentos de exclusión de pena, pues ya antes de la reforma de 1943, era derecho vigente que de esos fundamentos solo pueden beneficiarse aquellas personas en quienes se dan. Por su parte KOHLRAUSCH parece querer sacar la conclusión de que al mencionarse los fundamentos de exclusión de pena en el nuevo texto, los fines tienen que haber sido otros que los de la mera codificación de un estado de derecho ya existente. Para él la referencia a los fundamentos de exclusión de pena es el primer paso tendiente a liberar la participación de su dependencia de un hecho principal culpable (antes del § 47, III, A, 2, a).

Ciertamente, la letra del texto legal también puede permitir otra opinión: la pena no es excluida únicamente cuando existe un fundamento personal de exclusión de pena, sino y mucho más, cuando falta una auténtica característica del delito. Considerado de ese modo, podrían ser agregados a los fundamentos de exclusión de pena del § 50, II, los fundamentos de disculpa. En verdad que a esa interpretación se opone una dificultad más. La ley habla de «relaciones y calidades» y ellas son, de acuerdo con la opinión predominante, circunstancias que tienen cierta permanencia. Tal modalidad falta siempre en el error y en el estado de necesidad y, en ciertos casos, en la incapacidad de imputación. Considerarlos comprendidos en el § 50, II, es, por tanto, dudoso. Pero ese obstáculo puede ser superado, ya que más de uno sostiene que por «calidades y relaciones» deba entenderse solamente calidades y relaciones circunstanciales. (MEZGER, § 50, 2; KOHLRAUSCH, § 50, 4). Estos últimos, alcanzan la posibilidad de extender el concepto de los fundamentos de exclusión de pena a los factores que excluyen la culpabilidad; entonces se inclinan a tratar a ambos del mismo modo. Ciertamente, el § 50 no hace diferencia entre ellos. Tan es así, que KOHLRAUSCH (§ 50, 3, 8) y MEZGER (§ 50, 4) deducen del § 50, II que la punibilidad del partícipe es independiente de todos los elementos de culpabilidad del hecho principal. Pero esto no puede convencer, pues las mismas razones que deciden a subordinar los fundamentos de exclusión de culpabilidad al concepto de las calidades y relaciones que excluyen la pena, debieran llegar a colocar en el mismo plano los fundamentos de justificación (MAURACH, *Schuld und Verantwortung im Strafrecht*, 1948, p. 64); también ellas son circunstancias que se oponen a la punición de un hecho. Tan es así, que KOHLRAUSCH llega a esa conclusión al definir conjuntamente los fundamentos de exclusión de pena como «todas las circunstancias que se oponen a una acción punible, vale decir, todas las que están previstas en los § 51 al 59» (§ 50, 3, nota 3). De modo que también quedaría incluida la defensa legítima !! Esto no debe ser tomado a la letra, ya que el propio KOHLRAUSCH precisa luego que es necesaria la antijuridicidad del hecho principal también para la accesoriedad limitada.

Para nosotros es seguro que el § 50, II, no se refiere a los fundamentos de justificación, pues el § 50 I pone en claro que únicamente la ausencia de culpabilidad en el autor principal, carece de influjo sobre la punibilidad del partícipe. No debe faltar la antijuridicidad del hecho principal. De ello resulta, sin embargo, que si se quiere entender por fundamentos de exclusión de pena, en el sentido que les da el § 50, II, más que «fundamentos personales de exclusión de pena», dando a estos términos la acepción idiomatica que hasta hoy se le ha reconocido, también entonces es preciso restringir el concepto. La restricción es solo aparente, pues no es cierto que tales términos se extiendan materialmente a todas las circunstancias que idiomáticamente abarcan; como tampoco lo es que comprendan, ni siquiera todos los fundamentos de exclusión de la culpabilidad.

En resumen, puede quedar establecido que del § 50 nada resulta que permita afirmar que se debilita el grado de dependencia de la culpabilidad en la participación.

Tampoco los §§ 48 y 49 son más claros en ese punto. Por cierto que también su texto fue modificado por la reforma le 1933, con la intención de expresar una transición de la accesoriedad estricta a la limitada. Por eso en el § 48 no se habla ya de instigación a una acción punible, sino a «una acción amenazada con pena» y en el § 49 no se dice prestación de ayuda para la comisión de un crimen o delito, sino para «una acción amenazada con pena como crimen o delito». De ese modo la ley dice solamente que no es necesario que el hecho principal reúna todas las características del concepto de delito. Correlacionando esas disposiciones con las del § 50, se puede deducir que la característica que puede faltar es, precisamente, la culpabilidad. Pero, hasta dónde y de qué modo puede faltar, nada explica la expresión «acción amenazada con pena». Ella permite más de una interpretación, lo que se aprecia en el hecho de que en otras partes de la ley tiene un sentido que evidentemente no concuerda con el que se le da en los §§ 48 y 49. Esto ha sido señalado por KOHLRAUSCH (antes del § 47, III, A, 3). De una «acción amenazada con pena» respecto a los menores, ya hablaban los §§ 2 y 3 de la vieja ley del Tribunal de Menores, del año 1923. Ellos se referían a modos de conducta con todas las características de un delito, con la única excepción de la madurez del carácter del autor, que es uno de los presupuestos de su capacidad de culpa. De acuerdo con el § 4, la punibilidad del partícipe (y del encubridor) era independiente de esa inmadurez. De todos modos, según la doctrina imperante, queda en lo demás la plena accesoriedad del partícipe, también en lo referente a los elementos de la culpabilidad. Un error o un estado de necesidad disculpante en el autor principal, vino a beneficiar así al partícipe; aun la incapacidad de culpa del menor repercutía a su favor, si ella se basaba en causa distinta de la inmadurez. Así se distingue fundamentalmente el modo como se regula la participación por el derecho vigente, del de la Ley de Tribunales de Menores de 1923[1]: la incapacidad de culpa del autor principal, carece ahora de significado para la punición del partícipe, cualquiera sea la causa en que se funde. Así, pues, las palabras «acción amenazada con pena» de los § 48 y 49 del C. P., deben ser atendidas con sentido

[1] También en cuanto se trata de la cooperación en hechos de menores.

distinto del que quieren darle los § 2 y 3 de la Ley de Tribunales de Menores. I)e ello resulta, no solamente que la interpretación de esa ley no podrá servir de modelo para la reforma de 1943, sino que las palabras «acción amenazada con pena», por sí mismas, no tienen un sentido inequívoco.

La misma comprobación resulta del análisis de los §§ 42 b y 330 a. También ahí se sitúan en primera línea modos de conducta que presentan todas las características del concepto del delito, con excepción de la culpabilidad. También ahí se ha pensado primeramente en la exclusión de la culpabilidad por incapacidad de imputación. Sin embargo, el § 42 b se remite, al mismo tiempo, a acciones que se han cometido en estado de capacidad de imputación disminuida, es decir, con menor culpabilidad, pero, de todos modos, culpablemente. Esos actos caen, así mismo, bajo el concepto de «acción amenazada con pena» que, por tanto, en ese lugar, reciben un significado totalmente distinto del de los §§ 48 y 49. Sin embargo, ambos parágrafos —el 42 b. y el 330 a.— contemplan actos ejecutados, no solamente en estado de incapacidad de imputación, sino, también, sin dolo. La pena, según el § 330 a, y la internación en un establecimiento adecuado, de acuerdo con el § 42 b, deben proceder, precisamente cuando el que obra desconoció las circunstancias de hecho o la antijuridicidad de su obrar, porque la enfermedad o debilidad mental y la embriaguez, respectivamente, se lo impidieron. Esto surge del fin de política criminal perseguido por la ley en los §§ 42 b. y 330 a. (NAGLER, *Leipziger Kommentar*, § 42 b, 2; KOHLRAUSCH, § 42 b, A, I, 2; SCHÖNKE, § 42 b, II, 1; RGr. 73/17). Por otra parte, para la aplicación de esas disposiciones no puede carecer de significado todo error del que actúa. Si el error es justificable, es decir, de tal naturaleza que una persona sana y sobria también hubiera incurrido en él, entonces no existe ninguna necesidad de aplicar la medida de seguridad del § 42 b, ni razón para aplicar pena de acuerdo con el § 330 a. Con qué medios dogmáticos se llega a esa interpretación de ambas disposiciones, no es el caso de considerarlo aquí[2]. De todos modos, la interpretación tiene que llegar a ese resultado. Resumiendo, resultan comprendidos en ese concepto de «acción amenazada con pena»: por una parte, los casos en que se obra inculpablemente por incapacidad de imputación; por otra, algunos casos —no todos— de

[2] Sobre las dificultades en este punto, véase WELZEL, ps. 223 y ss.

una conducta no dolosa, y, finalmente, hasta un grupo determinado de acciones culpables. Es evidente, sin embargo, que ese contenido del concepto, no puede ser decisivo para los §§ 48 y 49. Se evidencia así nuevamente que la fórmula «acción amenazada con pena», por sí sola, no tiene un significado específico.

Las mismas conclusiones son válidas para la fórmula «acción punible». Los parciales de la accesoriedad extrema creyeron encontrar un argumento a su favor en la circunstancia de que los §§ 48 y 49, en su versión anterior, solamente hablaban de participación en «acciones punibles». Ellos piensan que «acción punible» significa un obrar, no solamente típico y antijurídico, sino, también culpable. La nueva versión legal tiene precisamente el sentido de deshacer ese argumento. Lo que no podía extraerse de la interpretación del texto legal anterior es que el hecho principal debía ser, no solamente culpable, sino dolosamente culpable. Es así claro que la acción culposa es, también, una acción culpable. Por lo demás, mientras en el § 59 se utiliza expresamente la fórmula «acción punible», también para un hacer no doloso, en el § 56 de la versión anterior significaba la conducta de menores incapaces de culpa por inmadurez. De tal suerte, tiene tan poco significado técnico como la expresión «acción amenazada con pena» (compárese: KANTOROWICZ, Loc. cit., ps. 46 y s.; CONRAD, *Die «akzessorische» Teilnahme und sogenannte mittelbare Täterschaft, Strafrechtl. Abhandl.* Cuaderno 374, p. 32).

Al través de las palabras puede llegarse aún a otra interpretación, relacionando los términos que utiliza la ley para caracterizar la actividad de los partícipes: «determinar», por una parte y «prestar ayuda», por otra. Estas palabras han sido interpretadas en los últimos decenios tantas veces, que no restan esperanzas de obtener un nuevo sentido mediante una interpretación meramente gramatical. Su alcance resulta únicamente de la naturaleza material de la instigación y la participación, por lo que la interpretación debe ser hecha tomando en cuenta esa naturaleza.

Por lo demás, las posibilidades de la interpretación puramente gramatical, están agotadas, sin haber conducido a solución alguna del problema. De ella no resulta, tampoco, obstáculo alguno para una solución de hecho. Precisamente, la latitud de la fórmula legal permite esperar que todo tratamiento de los problemas de la participación, que se corresponda con la naturaleza de los hechos, quepa dentro de la disposición legal.

Se ha tratado de deducir de un determinado punto del § 48 la tesis de que es posible la instigación a un hecho no doloso. Entre los posibles medios de esa modalidad de la instigación, se cita el caso de «quien induce o predispone a error». M. E. MAYER (*Lehrbuch*, p. 407) y otros deducen de ello que la instigación también es posible ejerciendo influjo sobre un acto que excluye el dolo. Esta opinión no encuentra hoy apoyo en la doctrina. Es ya opinión general que el § 48 se refiere solamente a las formas de error compatibles con el dolo de hecho; en lo esencial, errores de motivación: A determina a B a una agresión contra X, diciéndole que éste lo ha ofendido (FRANK, § 48, II, 1 c; WELZEL, *Strafrecht*, p. 66; MAURACH, *Grundriss, Allgemeiner Teil*, 1948, p. 138; R. G. 71/98).

II

1.— Nos preguntamos si la fórmula legal admite la tesis según la cual es posible participación punible en un hecho principal ejecutado sin dolo.

No es difícil demostrar lo absurdo de tal teoría, a través de las consecuencias a las que necesariamente conduce; de ese modo se ha hecho ver muchas veces la imposibilidad de sostenerla; últimamente y en forma muy convincente por WELZEL (*Strafrecht*, p. 65). Con razón dice de ella este autor que es una construcción «puramente jurídica» —dando a estas palabras un sentido peyorativo—, ya que se aparta de la realidad de la vida. Por ejemplo: obtener mediante engaño —subrepticiamente— que un juez dicte sentencia injusta y considerarlo como instigación al prevaricato no doloso; considerar instigación al homicidio culposo el caso de un médico que mata a un paciente, valiéndose de una enfermera distraída a la que hace aplicar una inyección de veneno, en lugar de la droga indicada. Ejemplos como estos pueden multiplicarse fácilmente. Es famoso el caso de la rufiana hamburguesa —que ha hecho escuela— que creó la oportunidad para, el trato sexual entre hermanos, que por motivo de una prolongada separación no se conocían, en tanto que ella estaba en conocimiento del vínculo. Ciertamente, en este caso corresponde aplicar una pena, pero ¿existe, realmente, instigación al incesto?

Contra esas soluciones habla el hecho de que ellas no son necesarias, en absoluto, para las exigencias penales. El logro fraudulento de una sentencia es estafa procesal. La muerte del enfermo con ayuda de la enfermera negligente es asesinato u homicidio en autoría mediata. La rufiana es culpable de lenocinio. Todo ello, seguramente era correcto antes de introducirse la accesoriedad limitada. ¿Puede haber sido reformado *in peius* por la reforma de 1943?

Habla también en contra de la posibilidad de una instigación a un hacer no doloso, el hecho de que la ley, en algunas partes, pone bajo pena, mediante disposiciones especiales, el dar origen a un actuar no doloso. Quien motiva que un funcionario ejecute de buena fe un documento falso, es punible, conforme con el § 271, por la llamada «falsedad ideológica de documento». Quien lleva a otro a jurar en falso, sin dolo, merece la pena del § 160, por inducción al falso juramento. De la existencia de esos tipos especiales, es general deducir que en los casos en ellos previstos está excluida la autoría mediata; más aún para los «delitos de propia mano» (*eigenhändige Delikte*), en los que ella es conceptualmente imposible, y para los delitos especiales. La otra conclusión de que no es objeto de problema la instigación a un hacer no doloso, también es verosímil. (Así parece sostenerlo WELZEL, *Strafrecht*, p. 65). Por cierto que esta es una conclusión ex contrario y, por tanto, no decisiva. Además, se pueden imaginar casos en los cuales el dar motivo a un hacer no doloso debe quedar incuestionablemente impune, de no poder ser penado como instigación[3]. Tampoco es argumento incontrastable en contra el hecho de un resultado inusitado. Por último, hay que reconocer que aceptar la complicidad en hechos culposos, no es en todos los casos tan grotesco como en la instigación. Así, la posibilidad de participación punible en un hecho principal no doloso, a pesar de todo lo sostenido en contra, no ha sido hasta ahora eliminada en forma convincente. Se la ha eliminado por la comprensión de que, partiendo de ese punto de vista, se hace imposible la diferenciación entre autoría y participación, en general, y entre instigación y complicidad en particular, cualquiera sea la teoría sobre la participación que se tome como base general.

Resulta imposible distinguir entre autoría e instigación. Al no pertenecer a la esencia de la instigación la circunstancia de producir en el autor el dolo del hecho, su concepto se limita a la «causación» de una acción antijurídica adecuada al tipo ejecutada por otro y en

---

[3] KANTOROWICZ introduce una variante en el ya citado caso de la rufiana hamburguesa, planteándose el supuesto de que haga casar a los hermanos. Entonces su relación es incestuosa, pero no deshonesta y la instigadora es impune, puesto que no instiga al lenocinio. (Loc. cit., p. 117).

esos factores concuerda con la autoría mediata. La concordancia no es, sin embargo, total, pues la autoría mediata es posible también cuando la conducta del actuante inmediato es adecuada al derecho, pero de ninguna manera lo es la instigación. Un ejemplo nos lo da la creación artificial de un estado de necesidad para el «instrumento», en el caso en que éste mata a un tercero. Inversamente, es posible instigación en delitos de propia mano y en delitos especiales, en tanto que en estos casos la autoría mediata queda excluida. Por tanto, subsisten diferencias entre ambas formas. Pero ellas no son características diferenciales. Ante el caso concreto, no debe ser decidido si existe instigación o autoría mediata, sobre la base de que en la situación dada es jurídicamente posible una u otra clase de cooperación, sino, solamente, según las características efectivas que se ponen de manifiesto en la conducta del cooperante. En esas características entra en cuestión una sola y misma cosa, tanto para la instigación, cuanto para la autoría mediata: «la causación», entendiendo por tal, causación del hecho principal.

No es posible separar modos distintos de «causar», ni con el criterio de la teoría objetiva, ni con el de la objetiva de la participación. Esto ha sido expuesto ya muchas veces para la teoría objetiva, por lo que no necesita ser expuesto nuevamente en detalle. Como se sabe, se acostumbra distinguir una teoría objetiva-formal de otra objetiva-material. Según la primera, la característica de la autoría está dada por el cumplimiento de una acción ejecutiva adecuada al tipo. Esa característica está de igual modo ausente en la instigación y en la autoría mediata; o, si se quiere, se cumple en ambas del mismo modo, si se imputa la acción ejecutiva del autor inmediato al tercero. De acuerdo con otra tesis, lo que tiene significado no es la acción ejecutiva, no obstante que, a falta de ella, debe distinguirse según el grado de cooperación. Esas diferencias son de una claridad palmar, si se exige que la instigación genere el dolo del hecho en el autor principal. Si se renuncia a ello, no queda ninguna posibilidad de diferenciación. Todo lo que haya supuesto un intento de estratificar, se ha mostrado como irrealizable. Fracasa en la equivalencia de las condiciones. También es imposible, con los puntos de vista subjetivos, la diferenciación entre instigación y autoría, aun cuando se considere aplicables también a esto, de acuerdo a la moderna doctrina, las fórmulas del *animus auctoris* y *animus socii*, empleadas, por lo común, para distinguir entre coautoría y complicidad. ¿En qué ha de manifestarse el deseo del que determina que quiere el hecho del determinado «como ajeno», sino en que quiere producir en él el dolo del hecho? Si no es precisamente esa la significación, no queda ninguna posibilidad de fundamentar plausiblemente el *animus auctoris*. No hay duda, por lo demás, de que con el enfoque del propio interés en el hecho, a nada se llega. Puede faltar, precisamente, en el autor (así, p. ejem., en el asesinato contratado) y existir, en cambio, en el instigador (así, en el mismo caso, el que contrata).

Debe establecerse, en consecuencia, que toda tesis que admita como posible la instigación a un actuar no doloso, no está en condiciones de diferenciar la instigación de la autoría mediata.

Exactamente lo mismo rige para las relaciones entre autoría y complicidad. La complicidad, prescindiendo de su aspecto subjetivo, consiste, en sí misma, en la causación de una acción ajena. Por ello, no es posible diferenciarla, con el criterio objetivo, de aquellas formas de autoría que poseen las mismas características. Para lograrlo es preciso recurrir a sus elementos subjetivos. Pero también una diferenciación subjetiva, solo es posible presuponiendo que el dolo corresponde al hecho principal, pues la simple voluntad de ayuda (*amimus socii*) solo puede tenerla quien tiene conciencia de que en el otro (el ayudado) existe voluntad de autor (*animus auctoris).* Esa voluntad de autor, en todo caso, solamente es imaginable como dolo. Si no ha de depender del dolo del autor principal, desaparece la posibilidad de establecer en el cómplice aquellas particularidades psíquicas que son las únicas que lo distinguen del autor.

Esa tesis, como cualquier otra, es objeto de disidencias, pues la convicción general tiende, manifiestamente, a que el *animus socii* pueda existir sin referirse al *animus auctoris* del autor principal. La opinión que hemos sostenido requiere, por tanto, mayor fundamentación, que no corresponde tratar aquí, sino, como lo hacemos, al ocuparnos en particular de la naturaleza propia de la instigación y la complicidad. Sin embargo, es el caso de dejar ya constancia de que, renunciando a un hecho principal doloso, de ningún modo es posible delimitar ambas formas de participación.

¿En qué, entonces, han de diferenciarse? No hay diferencias objetivas, tan pronto como el autor principal pueda haber actuado sin dolo, puesto que entonces el instigador puede no haber creado dolo en él. Decir que el instigador «origina» el hecho ajeno, mientras que el partícipe solo «coopera» en él, es un juego de palabras. Ambos términos son meros sinónimos de «causar». Tampoco existen diferencias subjetivas, puesto que ambas, instigación y complicidad, se cometen con *animus socii*. En este orden de cosas, el dolo del instigador no es diferenciable del cómplice. Si aquél no precisa estar dirigido a provocar el dolo del hecho en el autor principal, no se ve entonces por qué debe tener otro contenido que el dolo de la complicidad.

De todo ello resulta: quienes aceptan que la participación es punible en un hecho principal no doloso, olvidan los cánones que distinguen las formas de participación entre sí y que diferencian a ambas de la autoría. Es posible aún una escapatoria tendiente a evitar ese resultado: exigiendo que en un hecho principal no doloso, el participante, cuando menos, *imagine* que el hecho es doloso. Quedan así posibles delimitaciones desde el punto de vista subjetivo. De ese modo no pertenece a la instigación la producción efectiva del dolo del hecho, pero sí la voluntad dirigida a ese fin. Para la participación, la norma guarda una relación semejante. El § 48 debiera ser interpretado como si dijera: quien por cualquier medio, origina en otro la comisión de un hecho típicamente antijurídico, es penado como instigador, en cuanto su dolo esté dirigido a determinar a un hecho doloso. Con igual sentido debiera ser interpretado el § 49. Sin embargo, las disposiciones legales no dicen eso; el § 49, a, demuestra que no debe ser interpretado como si el texto dijera tal cosa. Aquellos casos en los cuales el partícipe persigue determinar al autor principal a la decisión del hecho, sin conseguirlo, o cree erróneamente impulsar a un hecho doloso, son verdaderos casos de participación *tentada*. Ellos son punibles según el § 49, a y únicamente cuando se den los presupuestos en él enumerados. Es inadmisible tratarlos como casos de participación consumada, invocando la limitación de la accesoriedad.

Así, pues, quienes reconocen participación punible en un hecho principal no doloso, en verdad diluyen las formas de la participación, reduciéndolas a simples acciones incoloras de causación. Tal teoría no puede ser exacta, puesto que la ley impone la diferenciación entre autoría y participación, como así mismo, entre instigación y complicidad.

2.— La necesidad de que el hecho principal deba ser doloso, no obstante la limitación de la accesoriedad, es el reconocimiento desde el cual parte la teoría finalista de la acción para solucionar los problemas de la participación. De ello deduce que el dolo no es una parte constitutiva de la culpabilidad, sino una característica de la acción. La limitación de la accesoriedad la confirma en la idea de considerar inevitable la reestructuración que sostiene del sistema. Si ese cambio en la sistemática está fundamentado en el hecho de que el dolo pertenece efectivamente a la acción, entonces en verdad que el problema de la accesoriedad limitada está solucionado manteniendo la participación independiente de la culpabilidad del autor principal, pero dependiente, no obstante, del dolo del hecho principal. De tal manera, el próximo paso en la investigación consistirá en comprobar la exactitud de ese desplazamiento de lugar del dolo.

Por cierto que en ello están impuestas limitaciones. No pueden ser tomadas en cuenta todas las variedades de la teoría finalista, ni considerar en un mismo plano la posición de todos sus sostenedores; de lo contrario, este trabajo se apartaría demasiado de su verdadero objeto. Por ello vamos a hacer el análisis al través de las investigaciones de WELZEL y pensamos que en ellas hemos de encontrar todos los problemas fundamentales de la teoría finalista de la acción, ya que él es su más celoso representante y quien más ha contribuido a su fundamentación.

En su última versión, su teoría puede sintetizarse así:

Las acciones humanas son acontecimientos con características peculiares, que los distinguen, por principio, de los otros, particularmente de los de pura causación. Para estas últimas, el efecto producido es «la resultante ciega de los factores causales concurrentes en ese momento». La actividad humana, en cambio, consiste, precisamente, en proponerse mentalmente metas, elegir los medios necesarios para alcanzarlas y aplicar luego esos medios de acuerdo a un plan. Hacer voluntario no es, por tanto, un encadenamiento solo dominado por causas, ya que la voluntad posee la facultad de prever, dentro de ciertos límites, las consecuencias de la manifestación de voluntad y decidir de acuerdo con ello. Ella «domina por su conocimiento, causa el acontecer real y lo condiciona para dirigirlo hacia una meta». «Dirige el acontecer de la acción, de acuerdo a un plan, para alcanzar una meta» (concreción de la voluntad). «Por tanto, el dolo pertenece a la acción, como su factor de configuración objetiva».

Es preciso señalar que existen también acciones culposas, cuya característica está dada, precisamente, por el hecho de que acarrean un efecto al que la voluntad no estaba dirigida. Ellas son, por tanto, causaciones; el acontecer es en tales casos «causal ciego». Sin embargo, no le falta, tampoco, un elemento finalista; ese elemento reside en la posibilidad de evitar el resultado causado, mediante una actividad finalista. En ese otro punto se diferencian las acciones culposas y el acontecer natural, porque aquéllas no son causación pura, sino evitables finalistamente[4]. Por eso también pueden ser subordinados al concepto superior «acción». La característica de las acciones culposas es finalidad potencial, actividad finalista posible, en oposición a la finalidad actual, actividad finalista real de la acción dolosa.

Por cierto que la acción culposa es «una forma de acción totalmente autónoma al lado de la acción dolosa». Por eso, la conducta dolosa y la conducta culposa se diferencian ya en el tipo. El sistema total del derecho penal es así dividido en dos partes. Los problemas de la autoría, la antijuridicidad y la culpabilidad, deben ser planteados separadamente para la acción culposa y, en parte, solucionarse en forma distinta de como se lo hace para la acción dolosa.

También para los delitos dolosos son de significación los efectos de la teoría finalista. Lo más notorio son las consecuencias que

---

[4] Se ha observado que también los resultados del acontecer natural pueden ser evitados, en ciertos casos y bajo ciertas circunstancias. El ejemplo que pone WELZEL es el de la muerte de un hombre causada por un rayo en medio del campo. Es sabido que quien teme a las tormentas procura amparo, sea en lugares donde existen pararrayos o aun como último recurso, acostándose en el suelo. Aparece así como evitable un curso causal natural, solo cuando se toma en consideración una omisión evitable. El elemento de la evitabilidad no reside entonces en el acontecimiento natural, sino en la conducta humana. Con ello puede considerarse rebatida toda objeción.
Sin embargo, la objeción conserva su sentido, ya que el ejemplo puesto revela que, a la inversa, el factor de la causación no reside necesariamente en la conducta humana, sino en un curso causal que es independiente por completo del hacer humano. Ella se convierte en factor de acción solo cuando se relaciona contemplando el problema por encima de la comprobación de puros factores de acción. Esto no es válido solamente para el caso del ejemplo, sino también para todos aquellos en que se está ante una omisión culposa. De ello resulta que el concepto de la causación evitable tiene aun otros fundamentos ontológicos y que entre él y el de la acción dolosa no existen diferencias puramente ónticas.

resudan para el concepto de la culpabilidad. ¡El dolo ya no pertenece a la culpabilidad! El problema de la culpabilidad se limita a la cuestión de la capacidad de imputación y de los efectos del error sobre la antijuridicidad del hecho. El problema de la disculpa por inexigibilidad de una conducta adecuada al derecho, desaparece, porque WELZEL considera el estado de necesidad penal como fundamento de justificación. Pero también las representaciones del carácter de la antijuridicidad, se modifican. Ella no es únicamente lesión de bienes jurídicos o de intereses. El «disvalor del resultado» es solo uno de sus aspectos esenciales; el otro está dado por el disvalor de la acción o «disvalor del acto». Este disvalor se determina mediante los elementos personales de lo injusto; por ejemplo: elementos de ánimo, motivos, tendencias (ánimo de apropiación, avaricia, etc.) y especialmente, mediante el dolo. Ese disvalor del acto puede faltar también en casos en que la acción produce un disvalor en sus efectos; falta, particularmente, cuando se obra para salvar de un peligro de cuerpo o vida y no merece por ello desaprobación. Así se incluye el estado de necesidad penal en el catálogo de los fundamentos de justificación. Finalmente, el concepto de la autoría adquiere un nuevo sentido: Autor es únicamente quien tiene el dominio del hecho (es señor del hecho) «consciente de la finalidad». El dominio finalista del hecho es la característica de la autoría; falta en el partícipe. Su existencia en el autor principal es presupuesto de toda participación. Una auténtica participación es por tanto posible únicamente en la autoría dolosa.

He ahí, en grandes trazos, el sistema de la teoría finalista de la acción.

La principal objeción que se formula comúnmente contra ella, sostiene que no satisface la causación culposa. Se señala, por una parte, que no es una acción dirigida hacia una meta y que, indudablemente, falta en ella la dirección hacia el resultado que le da relevancia jurídica. Por eso, desde el punto de vista del finalismo, no es posible agrupar la causación culposa y la acción dolosa bajo un concepto superior. La objeción es exacta y los partidarios de un concepto finalista de la acción no pueden eludirla demostrando la existencia de elementos relacionados con el finalismo en la «causación evitable». Es innegable que existe una diferencia fundamental entre la acción que persigue un resultado y la que no lo persigue. Esa diferencia es tan grande como la que existe entre finalidad actual y potencial.

Es dudoso, sin embargo, que así formulada la objeción, se constituya en un peligro real para la teoría finalista de la acción. Es fundamental que las dos especies de acciones que se diferencian puedan ser subordinadas a un concepto superior unitario? Precisamente, ese distingo es el principio sobre el cual WELZEL estructura su sistema. Es cierto que todo planteo sistemático aspira a la unidad, pero tal necesidad no se logra satisfacer fácilmente en ningún otro sistema, ya que la diferencia esencial entre dolo y culpa se hace notable en otro lugar, cuando no se ha hecho ya al fijar el concepto de la acción. Quienes diferencias las formas de la culpabilidad, basándose en esas características, encuentran en ese momento la dificultad, pues deben fundamentar el reproche de la culpabilidad, una vez, sobre la previsión y la otra sobre la no previsión del resultado. La naturaleza opuesta del dolo y de la culpa debe provocar, en principio, las mismas dificultades en todas las teorías. -Si la teoría finalista se libera de esas dificultades duplicando el concepto dé la acción, no parece que pueda ser objeto de reproche por ese solo hecho.

Parece, en todo caso, más seria la objeción que se hace al finalismo respecto a la dificultad de explicar satisfactoriamente todas las formas del dolo. ¿Es posible decir en el dolo eventual que las consecuencias previstas solo como posibles hayan sido realmente perseguidas? (Véase ENGISCH, *Der finale Handlungsbegriff*; KOHLRAUSCH, *Festschrift*, pág. 154 y sig.). A esto responde WELZEL que, quien quiere incondicionalmente el hecho, quiere concretar, también, los medios necesarios para lograr el objetivo deseado y las consecuencias secundarias, que toma de «yapa». (*Strafrecht*, p. 24)[5]. Con este criterio puede llegarse a extremos exagerados, que comprendan en el dolo consecuencias generalmente no admitidas. Para evitarlo es preciso atenerse fundamentalmente al *motivo* que da lugar a la decisión incondicional del hecho; ello permitirá apreciar a menudo, la naturaleza no reprochable de la acción. Ese concepto solo puede lograrse dentro del marco de la culpabilidad, abandonando el concepto puramente psicológico del dolo. «Se niega así el dolo, en cuanto el autor se decide al hecho por razones admisibles para el derecho, a pesar de la previsión de la *posibilidad* del resultado. En cambio, si el dolo pertenece a la acción, tal argumentación es imposible, ya que el carácter de la acción del hecho no puede depender del motivó que impulsó a cometerlo.

[5] Véase WELZEL, *Derecho Penal*, Buenos Aires, 1956, § 39 y ss.; *La teoría de la acción finalista*, Buenos Aires, 1951, § 23 y 41.

Sin embargo, la objeción que reprocha al concepto finalista de la acción su incompatibilidad con el fenómeno de la acción culposa, suscita una duda justificada. Esa objeción no alcanza, por cierto, a las causaciones evitables, las que el finalismo separa expresamente de las acciones dolosas como su manifestación opuesta y fijándoles una categoría sistemática especial. Alcanza, en cambio, a aquellos hechos culposos que no consisten en causaciones, partiendo para ello del interrogante ¿con qué razón se identifica, sin más, la finalidad con el dolo de la acción?

Por tanto, la duda no recae sobre el concepto de la naturaleza final de la acción en sí, sino en la comprensión de lo que constituye su base. El actuar humano es actividad finalista y como tal, completamente distinto de todo suceder meramente natural, pero que tiene el valor de un actuar adecuado al tipo solamente cuando la finalidad perseguida es, precisamente, la que prohíbe la ley. Esto no está claro en sí, ni empezando a considerar los delitos de causación.

Quien hace fuego contra un blanco determinado, actúa finalistamente en el verdadero sentido de la palabra. Si ese disparo mata a una persona, el resultado es producido por un hacer final, por una actividad finalista. ¿No están cumplidos con esto todos los requisitos necesarios para definir una acción de homicidio? ¿Por qué para llenar ese concepto ha de ser preciso que también el dolo haya sido dirigido al homicidio; que el homicida, no solamente haya querido alcanzar la meta, sino, en la meta, a una persona?

La respuesta que la teoría finalista ha de dar a esta pregunta, es decisiva para probar su exactitud.

Son dos los fundamentos en que se sustenta la equiparación entre finalidad y dolo. El primero se logra al través de sus conceptos sobre la esencia de la antijuridicidad. Tales conceptos enseñan que la antijuridicidad no es, simplemente, lesión de bienes, como tal, ni llega a ser disvalor del resultado. Si se quisiera equiparar antijuridicidad y lesión de intereses, tal como lo hizo la doctrina anterior, nos veríamos forzados a referir el juicio de antijuridicidad al hecho material de una restricción de intereses en sí mismo. Se debiera reconocer, entonces, que el acto causado y no su causación, es en sí antijurídico. Pero esto sería erróneo, pues el predicado «antijurídico» solo puede ser aplicado con lógica a una conducta humana. Es decir, el orden jurídico no garantiza, a secas, la eventual seguridad de no lesión de un determinado grupo de bienes jurídicos, de modo que todo cambio o disminución en esos bienes deba aparecer como infracción al derecho. Los bienes jurídicos no son piezas de museo que deban estar minuciosamente cuidadas de todo contacto lesivo, ya que están destinados al empleo, al uso, y con ello al consumo. La ley no prohíbe toda lesión de bienes jurídicos, sino solamente aquellas que son incompatibles con una ordenada vida en comunidad. De tal modo, solo entran en consideración para el derecho penal actividades humanas finalistas y, excepcionalmente, causaciones evitables. Entonces, lo más reside primariamente en la acción finalista, a lo que hay que agregar el resultado material para fundamentar en un todo la antijuridicidad. Por eso, el elemento *finalidad* pertenece a lo injusto penal. Por eso se distinguen los delitos dolosos y culposos ya en el tipo de injusto.

Ese es el proceso mental que lleva a asignar al dolo su lugar sistemático en lo injusto y con ello en el tipo y en la acción; y debe servir para demostrar la identidad entre finalidad y dolo. ¿Es esto concluyente?

La crítica observa a ese planteo que, con la punición de la culpa, se protegen los bienes jurídicos precisamente también contra lesiones no dolosas[6]. Por cierto que los defensores del finalismo restan todo valor a esa crítica. Ellos responden que la lesión no dolosa de un bien jurídico solo es declarada antijurídica mediando determinados presupuestos; es decir, cuando se produce por obra de una causación evitable. Pero esos presupuestos son totalmente distintos de los que distinguen a lo injusto doloso. Por eso no puede haber un concepto unitario de lo injusto, en el que no desempeñe papel alguno la diferencia entre dolo y culpa. Tal argumentación pasaría por alto que es posible la lesión de bienes jurídicos que no resulta ni de un obrar doloso, ni de una causación evitable, la que, sin embargo, se adecúa a un tipo legal. Ello ocurre cuando se concreta sin dolo el tipo de un delito de actividad. Por ejemplo: alguien penetra para cazar, por error, en zona ajena; alguien se-

---

6 Es el caso de subrayar que, considerando la significación importante que en la práctica tienen el homicidio y las lesiones culposas, tampoco puede decirse que en el derecho penal sean tomadas en consideración en segundo término las causaciones evitables. Por cierto que la relación estadística entre regla y excepción, no puede ser equiparada a la que es sistemática.

duce aúna muchacha honesta de quince años creyendo que tiene dieciséis. En tales casos, el autor obra, indudablemente, de modo finalista, pero sin doló; y no puede hablarse en esos supuestos de una causación evitable[7]. Pero ¿quién podría discutir o negar que ambas formas de conducta son antijurídicas?[8] Ellas contienen, precisamente, aquel disvalor que la ley desaprueba en los §§ 292 y 182. Esto solo se podría discutir, si se pudiera afirmar que esa desaprobación legal está dictada únicamente para el caso de una ejecución dolosa. ¿Pero dónde se encontraría una prueba para ello? Únicamente pensando en que el orden jurídico no prohíbe todas las lesiones de bienes jurídicos, sino solo determinadas especies de ellas, lo que, naturalmente, rige también para los §§ 292 y 182. Quien, sin proponérselo, pisa una liebre con su auto no ha realizado una caza furtiva; quien tiene relaciones íntimas con una chica de quince años, la que, a pesar de ser honesta, es en el momento quien incita al acto, no comete seducción. Esto vale, a pesar de que en ambos está lesionado precisamente el bien jurídico que tienden a proteger los §§ 292 y 182. Pero quien, en zona ajena, está al acecho de una pieza de caza o quien consigue vencer la resistencia inicial de una muchacha menor de 16 años, actúa exactamente en contra de la protección legal al derecho de caza y a la integridad sexual de mujeres inmaduras; y lo hace, también, cuando falta el dolo. Contra ello no puede objetarse que la punición solo es posible, sin embargo, cuando concurre al dolo, ya que antijuridicidad y punibilidad no son idénticas. Por lo demás, en el primero de los ejemplos dados, no faltaría tampoco la punibilidad, ya que el autor habría obrado, cuando menos, culposamente. Ello resulta del § 368, inc. 10, en todos los casos, para quienes consideran suficiente la culpa para ese delito, de acuerdo a la doctrina imperante

Esos ejemplos demuestran que no se distinguen necesariamente ya en el tipo de injusto los modos de conducta dolosos y culposos. Hay delitos cuya figura está trazada del mismo modo para la ejecu-

---

[7] Únicamente cuando se reconoce aquella «relatividad del concepto del resultado» que permite considerar como «resultado» la concreción misma del tipo. Quien ha refutado más agudamente ese concepto es, precisamente, WELZEL, y con toda razón.

[8] No importa si contienen una infracción contra normas del derecho privado o administrativo.

ción culposa y para la dolosa[9]. Sin embargo, con ello queda contradicha la tesis según la cual debe deducirse de la naturaleza de la antijuridicidad que el dolo pertenece a la acción. Con ello cae el primer fundamento de demostración para equiparar dolo y finalidad.

Tanto mayor significado tiene el segundo fundamento. Éste no se alcanza contemplando una característica del delito distinta de la acción, sino analizando la estructura interna de la acción misma. Actuar no es un simple proceso causal; es acontecer intencional impregnado de sentido, consistente en que el acontecer causal se sobre- determina finalistamente. En el actuar, la voluntad modifica con sentido la resultante del acontecer causal, que en sí es ciego. De ello resulta que el proceso «que va de la decisión al resultado, pasando por los impulsos de la voluntad, es una unidad establecida de sentido, que sobresale del resto del acontecer causal por el factor del sentido»[10].

Esto significa que el resultado pertenece al sujeto de un modo completamente distinto de lo que corresponde una mera acción a su causa. Mientras que la causa solo es un eslabón en una cadena causal, «el resultado es el propio hecho del sujeto: el resultado depende de la autodeterminación del yo, situada dentro de aquella unidad de sentido».

Sin embargo, de lo dicho solamente resulta que «hasta donde llega esa dependencia, el acontecer pertenece al sujeto como hecho propio o sea que resulta (objetivamente) imputable»... vínicamente hasta donde alcanza la capacidad de la voluntad a dirigir con sentido el devenir causal, llega por parte de ella el acontecer causal en su significado específico», «mientras que en todo lo que se refiere a aquello que está más allá de la posible previsión objetiva, no tiene, en principio, otra característica que la de cualquier otro factor causal; a saber, la de ser un punto de enlace indiferente y falto de sen-

---

9 WELZEL mismo ha estudiado algunos de estos casos, tales como el falso testimonio culposo (§ 163), la falsa denuncia por ligereza (§ 164. V), venta de productos tóxicos cuyo carácter nocivo ignora el autor por negligencia (§ 326). Admite el autor que en el centro de esos tipos no hay solo una mera causación, sino una determinada acción finalista. A pesar de todo, cree él que se pueden subordinar esos delitos a su concepto de la acción culposa, es decir, al principio de la causación evitable. Según él solo aquí se cierra el «tipo de la causación culposa, en torno a un núcleo de acción finalista adecuada al tipo».

10 WELZEL, *ZStW.*, *Naturalismus und Wertphilosophie im Strafrecht*, 1935.

tido de series causales ciegas». Según ello, solamente pertenece a la acción el resultado causado por voluntad; de modo que solo el acontecer voluntario es «acción» en su justo sentido. ENGISCH ha señalado la similitud de estas expresiones con las de la teoría de la acción de la filosofía del derecho de HEGEL.

Con ello está logrado el punto de vista decisivo que conduce a identificar finalidad y dolo: como la «unidad de sentido» que representa la acción, no va más allá que la aspiración de la voluntad, —que en ella se concreta—, de lo que la manifestación de voluntad traduce en el mundo exterior, solo puede atribuirse a la acción aquello a que se extendió la decisión de la voluntad, vale decir, lo que el autor se había propuesto alcanzar. El elemento finalista de la acción es, por tanto, igual al dolo; más aún, es el dolo.

¿Es inobjetable ese razonamiento? Lo sería si la ley penal se conformara con prohibir solamente acciones dolosas; pero no es eso lo que ocurre en la ley. En ella no se respeta en absoluto ese «derecho de la voluntad», como quisiera el pensamiento filosófico, a saber, el derecho «de reconocer en su hecho solo aquello de su acción... que él conoce como condiciones para lograr su finalidad; es decir, lo que de ella estaba en su dolo». Más bien crea la ley tipos que pueden ser cumplidos con una actividad, la cual, por cierto, tiene que ser voluntaria y finalista, pero no es preciso que lleve el propósito final de concretar el tipo, y esto, no ya únicamente en forma de amenazas de pena para causaciones evitables, a las que el finalismo pretende dar el valor de formas secundarias de la propia acción, sino también, en no pocos casos, en que un simple hacer es prohibido. Aun cuando la acción sea considerada con criterio antropológico prej uri dico, de tal modo que solo comprenda actitud dolosa, por una parte, y causación evitable por la otra, de todos modos, el concepto penal de la acción es muy diferente.

Por supuesto que WELZEL no reconocería esa argumentación; él observaría que el concepto de la acción finalista reproduce únicamente la situación material del ser, que tiene como base el fenómeno «acción». Según ello, todo actuar es actividad dolosa finalista o causación evitable. La estructura ontológica de la acción debe ser decisiva también para la contemplación jurídica, y ninguna ley tiene el poder de desviarse de ella mediante conceptos propios. Por el contrario, la interpretación de la ley debe ajustarse a aquella estructura. Esta objeción no es, sin embargo, definitiva.

WELZEL[11] se pronuncia únicamente contra la equiparación del concepto ontológico de la acción, que es contemplada jurídicamente, con el concepto jurídico de la acción. Nadie querrá polemizar tan simplemente con WELZEL sobre la exactitud de sus investigaciones ontológicas sobre el concepto de acción. Sin embargo, son posibles algunas dudas. MAURACH[12] señala que WELZEL concibe el concepto de la acción culposa con otros medios metodológicos que el de la acción dolosa. El de la segunda se alcanza únicamente partiendo de la comprensión de las situaciones de hecho del ser, que están dadas por la actividad humana finalista, pero el de la primera, con la ayuda de una *valoración* para la situación de hecho (causación *evitable*). ¿El concepto así definido es aún un concepto del ser?

WELZEL, tal vez respondería que él define la acción culposa partiendo de puntos de vista de valor. Y podría replicar que por causación evitable no se ha de entender la que debía ser evitada. La cuestión de si el actuante estaba también obligado a evitar la causación posible, no corresponde al concepto de la acción, sino al de la culpabilidad.

La ley no debe contradecir la razón de las cosas; como únicamente las acciones humanas pueden ser objeto de amenaza penal, y como tales acciones son necesariamente finalistas, un comportamiento dirigido hacia una meta debe constituir el núcleo de todo tipo penal. Cuando una disposición legal no está expresamente concebida de ese modo, debe ser interpretada como si lo estuviera. Por ejemplo, en los auténticos delitos de causación; si un individuo, en un ataque de epilepsia, golpea y lesiona a otro, por cierto que ha sido causa de una lesión corporal, pero no la ha «causado». (Aun este último término significa, en el lenguaje de la ley, un comportamiento finalista.) Si una ley transgrediera ese límite y amenazara con pena simples actos reflejos, no podríamos decir que se trata de una ley. Esa ley sería, por oposición, un fracaso, porque no podría impedir que se determine la unidad de sentido que debe ser considerada por el derecho como acción, desde puntos de vista distintos de aquellos que ella adopta para la comprensión filosófica del obrar humano. Los obstáculos no los pone esa comprensión, sino un enfoque completamente distinto. No debe formarse la unidad de sentido «acción»

---

11 *ZStW*, 58, ps. 491, 495 y ss.; «*Naturalismus*», p. 82, nota, 75.
12 *Schuld und «Verantwortung»*, 1948, p. 27 y «*Grundriss*», p. 46.

de tal modo que se torne incompatible con lo que la conciencia jurídica general considera conciliable con una amenaza de pena. Contravenir ese principio es hablar al aire. Por tanto, debe orientarse el concepto de la acción en el sentido que se le atribuye a la conducta humana en la vida social[13]. Dentro de los límites así determinados, la ley puede disponer libremente.

Otra limitación de su libertad, resulta, naturalmente, de la exigencia de que la ley sea *justa*, pero esto se entiende por sí mismo y no necesita ser destacado.

No puede reprocharse al legislador del Código Penal vigente una violación de esos principios. Tampoco los viola la interpretación, si se concibe el concepto de acción en el sentido de que un actuar doloso y culposo no se distinguen aun en el tipo de injusto, pues en las relaciones sociales no es significativo solamente lo que el individuo hace cumpliendo su propia voluntad, sino también aquello que ejecuta en contra de sus propios fines. El viejo adagio según el cual «el hecho mata al hombre», aún hoy no está totalmente fuera de vigencia. Es acaso en este aspecto en el que se muestra con mayor claridad la diferencia entre la concepción que aquí exponemos y la de WELZEL. Por eso se llega desde nuestro punto de partida a resultados que probablemente están mucho más próximos a la conciencia general del derecho que los alcanzados con la teoría finalista. Es difícil hacer comprender a un lego que quien, en determinadas circunstancias y sin quererlo, lleva por delante a otro con su automóvil, ha causado su muerte, pero no lo «mata» en sentido jurídico, y que de ningún modo ejecuta una acción de homicidio. Con ello se elimina también el segundo pilar en que la teoría finalista apoya su tesis de la equiparación entre finalidad y dolo. Y con ello la prueba de que el dolo pertenece a la acción.

El examen crítico de la teoría finalista no debe darse por satisfecho con esas comprobaciones; más bien debe tomar en consideración determinadas manifestaciones dogmáticas que parecieran confirmar, cuando menos en su esfera, la exactitud de aquella teoría, a pesar de todo lo que contra ella ha quedado dicho. Determinados delitos solo pueden ser cometidos dolosamente, en razón de que su

13 EBERHARD SCHMIDT, en «*Ver Arzt im Strafrecht*», 1939, p. 75, nota 29.

tipo es de tal índole, que solo una acción dolosa está en condiciones de cumplirlo. A ellos pertenece, en primer lugar, la tentativa. No importa qué teoría de la tentativa se defienda; es indiferente para el caso qué se entiende por «adecuación típica» de la acción de tentativa, ya que solo puede valer como tentativa lo que representa la ejecución de una decisión de hecho. Cualesquiera que sean las características del concepto, tentativa es la conducta llevada por una voluntad dirigida a la comisión dolosa de un delito consumado. Sin duda, finalidad y dolo coinciden en este punto[14].

No solamente en eso coinciden. Hay también hechos punibles para los cuales la consumación solo es imaginable como acción dolosa. A ellos pertenece un tipo de delito tan importante como el hurto. La sustracción de una cosa mueble ajena se adecúa al tipo del § 242 C. P. únicamente cuando se efectúa con la intención de un apoderamiento antijurídico. Esa intención solo puede existir cuando se sabe que la cosa pertenece a otro. Quien cree propia la cosa ajena, no puede, de ningún modo, tener la intención de apoderamiento; quien la supone sin dueño, tampoco podría aspirar a un apoderamiento antijurídico. Así, pues, el tipo del hurto solo es posible concretarlo dolosamente. El mismo planteo tiene valor para la apropiación indebida y aun para otros delitos.

¿No se deduce de ello que, al menos en esos delitos, el dolo pertenece a la acción? ¿No debe llegarse, partiendo de esa deducción, a concluir en que el dolo pertenece en todos los casos y en general a la acción? Pues no puede ser ora elemento de acción, ora elemento de culpabilidad.

La respuesta a esas preguntas presupone la solución de una pregunta anterior sobre si el concepto de culpabilidad puede ser imaginado en tal forma que no contenga el dolo como característi-

---

[14] Por cierto que en doctrina se enseña la posibilidad de tentativa en delitos culposos. Frank (§ 43, II, 1), toma como ejemplo el homicidio tentado del agresor supuesto en defensa legítima putativa. Ese ejemplo tiene validez para el caso de que el error del autor fuera evitable, cometiendo entonces un delito culposo. La suposición errónea de una característica negativa del tipo —situación de defensa legítima— equivale al desconocimiento de una circunstancia positiva de hecho, en el sentido del § 59, C. P. Esta construcción es rechazada por la teoría finalista. (*Strafrecht*, p. 81 y *Der Irrtum über die Rechtswidrigkeit des Handelns*, S. JZ. 1948, 368). Por otra parte, FRANK debe admitir, también, que esa tentativa de un delito culposo solo es posible cuando «en la culpa hay simultáneamente un dolo de hecho». Esto confirma la opinión expuesta en el texto.

ca, ya que solo en el caso de que esta pregunta pueda ser contestada afirmativamente, solo entonces, el dolo puede ser concebido como mero factor de acción.

De ese modo se dirige la investigación hacia el problema decisivo de todo sistema penal y por tanto, también al del finalist; vale decir, al problema de la culpabilidad, que hasta ahora pudo ser eludido. Hasta aquí se trataba solamente de examinar los fundamentos que se hicieron válidos para la remisión del dolo al concepto de acción, partiendo del carácter de la acción. Mientras estos fundamentos eran refutables, no era preciso formular la pregunta, si a la inversa, faltan argumentos para dejar el dolo en el concepto de culpabilidad. El hecho de manifestarse comisibles solo dolosamente, lleva a analizar esos argumentos. ¿El concepto de culpabilidad es de tal naturaleza que no puede prescindir del elemento dolo?, ¿o la teoría de la acción finalista está en condiciones de presentar un concepto de culpabilidad en el cual el dolo no encuentra lugar?

Visto exteriormente, ha excluido por completo el dolo de la culpabilidad[15]. Por cierto que toda culpabilidad es culpabilidad de voluntad y, precisamente, la voluntad está en la esencia del dolo; pero aparece solo como voluntad de concreción, en su función práctica finalista; con ella pertenece a la acción. Sin embargo, debe distinguirse la formación de voluntad o sea la decisión, de la concreción. La primera es el aspecto emocional de la acción, en oposición al finalista y ella sola es el objeto de reproche de la culpabilidad, pues es precisamente eso lo que constituye al autor en culpable, al decidirse en la resolución del hecho en favor del disvalor de la acción. «El reproche de la culpabilidad recae sobre la decisión de valor a favor de la acción adecuada a lo injusto, la que es ejecutada partiendo de esa decisión». Por eso hay solo dos factores de culpabilidad: la capacidad de culpabilidad, como presupuesto, y la conciencia de la antijuridicidad. La primera implica la falta de capacidad para tomar, en general, decisiones con sentido de valor, y por tanto, no culpables. Quien no ha comprendido la antijuridicidad de su obrar, no tiene la posibilidad de decidir de acuerdo con el derecho en el caso concreto. Con ello se elimina, también, el reproche de

---

15 Véase WELZEL, *Strafrecht*, pág. 73 y ss. *ZStW*, 53/503 ss. *Personlichkeit und Schuld. ZStW*. 60/428 ss. Der Irrtum über *die Bechtswidrigkeit des Handelns* S.J.Z. 1948, Sp. 368 ss.

culpabilidad. En el error evitable disminuye al menos la culpabilidad y, por cierto, en la medida en que el error es disculpable.

Así se presenta —en sus líneas fundamentales— la teoría de culpabilidad del finalismo, la que de hecho ha eliminado el dolo del concepto de culpabilidad. ¿Es convincente?

Su pensamiento decisivo está dado por la diferenciación del aspecto emocional y el finalista de la acción y la limitación del reproche de culpabilidad al primero de ellos.

Contra la exactitud de esa diferenciación nada puede decirse. Ella corresponde, en efecto, a la situación de hecho que se da cuando se toman y ejecutan las decisiones. En cambio, pueden serle opuestos reparos a la interpretación y valoración de culpabilidad de esa situación de hecho.

Es preciso comenzar destacando que en la decisión llena de sentido de valor, también está comprendido el dolo. Esa decisión no puede ser concebida sin dolo, ya que ella consiste, precisamente, en la actitud mental dolosa («Vorsetzen»). Todo lo que el dolo contiene como elementos de representación, toma su contenido lleno de significación, precisamente cuando se trata de la formación de voluntad[16]. Es eso lo que fundamenta el reproche cuando el autor se decide a hacer fuego —por ejemplo— a pesar de que prevé que hará impacto en una persona. La decisión al disvalor no es imaginable sin dolo.

Por otra parte, no puede admitirse que el reproche de culpabilidad se refiera solamente a la decisión con respecto al valor. Tan no se refiere a ella sola, que no habiendo otra cosa que la mera decisión al hacer, injusto, no es posible, por ello solo, el reproche de la culpa. Naturalmente, WELZEL no lo desconoce; él mismo define el objeto del reproche como «la decisión con respecto al valor, a favor de la acción adecuada al injusto, que es ejecutada fundándose en esa decisión». Explica la definición en el sentido de que «elimina del ámbito jurídico toda posibilidad de una pura culpabilidad de 'voluntad' (de idea)». De ello resulta que lo que se imputa

[16] Ese contenido del dolo lo determina WELZEL del mismo modo como lo hacen las doctrinas tradicionales (prescindiendo de que él no agrega al dolo el conocimiento de la antijuridicidad) *Strafrecht*, ps. 9 y ss. *Derecho Penal*, Buenos Aíres, 1956, ps. 67 y ss.

como culpabilidad, no es el tomar la decisión, sino el mantenerla al ejecutar el hecho. La desaprobación jurídica se hace precisamente sobre la voluntad en su función práctica finalista; por tanto, también sobre el dolo. Seguramente es exacto que sin esa decisión de valor llena de sentido, falta el objeto al reproche de una conducta dolosamente culpable. Pero para relacionar plenamente hecho y autor, no alcanza la decisión al hecho; solamente su activación en la ejecución del plan, fundamenta la culpabilidad. Ahora bien, la doctrina de la acción finalista invoca otro fundamento especial para excluir el dolo del concepto de la culpabilidad. Cree obtenerlo desmintiendo la doctrina —actualmente imperante, tanto en la teoría como en la práctica— para la culal la conciencia de la anti juridicidad pertenece al dolo[17]. Contra ese dogma se oponen objeciones convincentes. Se señala con razón que la falta de la conciencia de lo injusto no puede modificar el carácter doloso del acto; así, por ejemplo, un homicidio cometido en supuesta defensa legítima, no se comete sin dolo. Puede considerarse también importante el llamado de atención sobre las consecuencias intolerables a que conduce la opinión criticada. Tratar el error de antijuridicidad según su analogía con el error sobre las circunstancias de hecho, hace suponer culpa en la falta de conciencia de la antijuridicidad. Por eso, en los casos de error de prohibición, solo es posible sancionar cuando el tipo en cuestión prevé expresamente pena para el obrar culposo. La disposición especial que aparece en los proyectos de Gürtner, según la cual la culpa jurídica debe ser puesta, en general, bajo pena, falta todavía en el Código Penal vigente. La adopción de esa fórmula no es de desear; crearía un *crimen culpae* autónomo, carente de limites fijos de adecuación típica y que no ofrecería, por tanto al juez, una escala de valores idónea. Además, importaría una evidente contradicción con la decisión sistemática que fundamenta la ley, para la cual la culpa *de hecho no es*, en general, punible. Con ella no se solucionaría satisfactoriamente el problema de la punición de «la culpa jurídica» y tendría que fallar por completo en los casos de «ceguera del derecho»; vale decir, en los supuestos en los que el error de prohibición no es disculpable en la medida en que no puede ser valorado de otra forma que

[17] WELZEL, *Strafrecht*, pág. 78 y ss.; *Derecho Penal*, § 13; GRAF ZU DOHNA, *Der Aufbau der Verbrechenslehre*, págs. 49 y ss.; *La Estructura de la teoría del Delito*, págs. 59 y ss.; VON WEBER, *Grundriss*, pág. 124; VON HIPPEL, *Deutsches Strafrecht*, II, págs. 349 ss.; MAURACH, *Grundriss*, pág. 125 y *Entwurf*, 1930, 20.

como conocimiento positivo de la prohibición. Para esos supuestos no quedaría sino impedir el reconocimiento de un error de tal índole, mediante una nueva disposición especial. Ello significaría que un actuar doloso sea transformado en culposo por la interpretación, para luego volver a ser tratado como doloso en el caso crítico. Tal regulación no puede ser correcta. Hay que admitir, por tanto, que la conciencia de la antijuridicidad no pertenece al dolo, sino que es una característica autónoma de la culpabilidad. Un error de prohibición inevitable excluye la culpabilidad; un error evitable, pero disculpable, la disminuye. El error indisculpable la mantiene intacta.

De ello deduce WELZEL que el dolo debe ser sacado de la culpabilidad y adjudicado a la acción. Así la manera justa de encarar el error de prohibición, se constituye piara él en la piedra de toque para el concepto de la acción finalista. Sin embargo, no es convincente la exactitud de esa conclusión.

El carácter de culpabilidad del dolo no depende de que él comprenda la conciencia de la antijuridicidad. Mucho más pertenece el dolo (de hecho) a la culpabilidad, porque únicamente se puede hacer el reproche al autor que supo lo que hizo. Por cierto que ese saber no fundamenta por sí solo el reproche de culpabilidad; hay que agregar la conciencia de la antijuridicidad. Pero tampoco la conciencia de lo injusto, por sí sola, es fundamento del reproche de culpabilidad, pues sin dolo de hecho ni siquiera es imaginable. Solo puede saber que realiza un acto injusto quien conoce las circunstancias de hecho que concreta; la resolución de acción constituye el objeto y la base de la decisión de valor. Aunque la conciencia de la antijuridicidad no pertenezca al dolo, la colocación sistemática de éste no es afectada por ese conocimiento.

Según lo expuesto, hay que discutir si la teoría de la acción finalista ha logrado la eliminación del dolo del concepto de la culpabilidad. Ella determina sus elementos de tal modo que el dolo pertenece a ese concepto.

Partiendo de ese resultado, hay que interpretar la particularidad de los delitos que solo pueden ser cometidos con dolo. Sin embargo, esa particularidad no crea dificultad alguna.

El hecho de que en tales delitos el tipo puede ser cumplido únicamente mediante un comportamiento doloso, es incuestionable, pero también lo es que resulta compatible con que el dolo pertenezca a la culpabilidad. Las distintas características del delito están siempre reunidas en una unidad en el hecho concreto. Si para su análisis se las distingue, ello no supone que esa distinción se manifieste también en la realidad[18]. La diferenciación de las características del delito se basa en el hecho de que ellas designan distintos aspectos del concepto de delito, pero no en que representan partes necesariamente autónomas del delito como acontecer histórico. Por eso el dolo no es factor general de acción, por el hecho de que haya acciones adecuadas al tipo que solo pueden ser cometidas dolosamente.

Así, pues, el dolo no pertenece a la acción, sino a la culpabilidad. A este resultado ha llegado el examen crítico de la teoría finalista. Las conclusiones que de ello se siguen para el problema de la accesoriedad limitada, están a la vista. Aquella labor tendiente a demostrar la dependencia de la participación del dolo del hecho principal, a pesar de la independencia de la culpabilidad del autor principal, no puede encontrar solución en que el dolo pertenezca a la acción, pues en el concepto de acción no es donde tiene su lugar sistemático exacto. Por eso la investigación debe considerar ahora la tercera posibilidad que se presenta para tratar los problemas de la participación. Debemos preguntarnos si un hecho doloso y sin embargo no culpable, no puede ser imaginado, también presuponiendo que el dolo es característica de la culpabilidad; como así mismo, si la limitación de la accesoriedad, a su vez, no se puede delimitar en el sentido de que la punibilidad del partícipe se mantenga con independencia del dolo del autor principal.

3.— Responder afirmativamente a la primera pregunta, no supone crear dificultad alguna, desde el punto de vista alcanzado actualmente por la teoría de la culpabilidad. Más bien es difícil negarlo. Ello es posible para aquellos que piensan que el concepto de la culpabilidad se agota en el dolo y la culpa; para quienes ambas formas, el dolo y la culpa, a secas, son la culpabilidad. BINDING, por ejemplo, es de los que aun defendió esa concepción[19]. Partiendo de

[18] Inversamente, su inclusión en la unidad no impide que puedan alcanzar autonomía en la realidad. Así, por ejemplo, un obrar adecuado al tipo no ha de ser forzosamente antijurídico, como tampoco un obrar injusto tiene que ser siempre culpable.

[19] *Die Normen*, II, 1.

ella, criticó como un «feo diletantismo difícilmente comprensible» la afirmación de que el dolo y culpa puedan existir sin culpabilidad. Entre tanto se ha convertido en opinión general la que sostiene que las situaciones de hecho que se denominan dolo y culpa caracterizan las formas de caer en culpabilidad, pero, por sí solas, no constituyen la culpabilidad. Es necesario agregar la capacidad de culpa del autor, siendo indiferente para el resultado, que se la considere una característica o un presupuesto de la culpabilidad; hay que agregar, además, la posibilidad de una conducta adecuada a derecho. Esta última se da, por lo general pero es preciso ponerla de manifiesto, porque en casos excepcionales puede faltar, si bien en el hecho doloso solo bajo las condiciones del estado de necesidad. De estas características está investido el concepto de la culpabilidad; es, por tanto, un concepto complejo. El juicio de culpabilidad no se apoya solo en uno, sino en varios presupuestos. Solo su concurrencia puede fundamentar la culpabilidad. Si falta uno de ellos, falta la culpabilidad en general. De ello resulta que pueden estar dadlas algunas características de culpabilidad, sin que tenga que existir por ello culpabilidad; más aún, que es posible dolo sin culpabilidad, a pesar de que el dolo del hecho represente una característica de la culpabilidad.

Ciertamente, ese resultado, alcanzado como una mera conclusión lógica, como nosotros lo hemos hecho, no está aún suficientemente fundamentado. 'Se podría objetar que el dolo, al ser estudiado en la culpabilidad, tendría que ser concebido como dolo «culpable», es decir, como dolo de un capaz de culpabilidad (acaso, también, como dolo de un autor que no actúa en estado de necesidad). Resulta así que únicamente la concurrencia de todas las características de la culpabilidad constituye la culpabilidad. Pero aquella conclusión para la cual el dolo es posible sin capacidad de imputación (y sin exigibilidad), no está ya permitida. La doctrina de la acción finalista quiere destacar esa objeción cuando niega al concepto imperante de la culpabilidad la posibilidad de construir un concepto del dolo indiferente a la culpabilidad. Pero también revela sus temores la teoría reinante, al designar al dolo inculpable, cuando lo necesita, como el «llamado dolo natural»; con ello pone de manifiesto la opinión de que el verdadero y «exacto» dolo es culpable.

Tales objeciones o temores no tienen razón de ser, ya que no hay necesidad alguna de reducir el dolo —entendido como características de culpabilidad— al concepto del dolo culpable. Esto lleva a pensar en los fundamentos que constituyen la base del reproche de culpabilidad[20].

Culpabilidad es la actitud psíquica-espiritual del autor en relación con su hecho, que lo hace aparecer como responsable por su obrar voluntario. Por tanto, pertenece a la culpabilidad lo que es presupuesto imprescindible de un reproche a formularse por la acción antijurídica realizada. Comienza con la capacidad de ser culpable. Un reproche jurídico solo puede ser formulado a quien está en condiciones —con carácter general— de comprender las imposiciones jurídicas y guiarse por ellas[21]. Además, el reproche depende de que la exigencia del orden jurídico haya podido llegar a ser eficaz en el caso concreto. Para ello el autor debe haber sabido lo que hacía (dolo) y que no podía hacerlo (conciencia de lo injusto). Finalmente, es necesario que el autor se haya decidido libremente y no obligado por fuerza o necesidad[22].

Sobre ello puede decirse que hay coincidencia en lo esencial. De cualquier modo, no hay duda de que aún existe mayoría. La cuestión se reduce entonces a saber si la relación de los distintos elementos de la culpabilidad es de tal naturaleza que cada uno de ellos no puede estar dado sin los otros; si, en particular, dolo y conciencia de lo injusto pueden presentarse solo en un autor que actúa con capacidad de imputación y sin limitaciones en la libertad. Es indudable que la pregunta debe ser contestada negativamente.

De la unión de esas características con otras en un concepto de la culpabilidad, no resulta nada en contrario, ya que esa unión no se basa en que los distintos elementos de la culpabilidad estén lógicamente relacionados entre sí, de modo que su síntesis suponga una necesidad conceptual, y que de tal manera su aislamiento del todo signifique un cambio de su naturaleza. El concepto de la culpabilidad se basa en la comprensión de que determinadas circunstancias reales deben estar dadas para que la formulación de un reproche de

---

20 Para los fines de esa investigación solo es preciso contemplar los elementos de la culpabilidad dolosa.

21 Para negar la culpabilidad, basta, naturalmente, que esa capacidad, aunque exista normalmente, esté suspendida en el momento del hecho (p. ejem., por embriaguez o trastorno mental transitorio).

22 El reproche no se refiere al saber como tal, sino a la decisión del hecho, tomada a pesar de ese saber, que es así la decisión consciente al disvalor.

culpabilidad sea lógicamente justo; y ese concepto aúna esas circunstancias en un total. Tal unión ideal deja intacta la esencia de los distintos componentes.

Por tanto, no puede haber ninguna duda sobre la posibilidad de un dolo indiferente de culpabilidad, en cuanto puede demostrarse que, en la realidad, existe voluntad de acción en el conocimiento de la situación de hecho también cuando falta la capacidad de imputación o la libertad de decisión. Pero esa demostración ha sido hecha hace ya mucho y no queda de ello ninguna duda.

El náufrago que empuja a su compañero de infortunio, aferrado como él a la tabla que solo a uno puede sostener, prevé la muerte del mismo y actúa, pese a todo. Lo hace, por tanto, dolosamente. Esto es evidente. Por eso el Tribunal Supremo establece con razón que la situación forzosa del actor en estado de necesidad dejó intacto el dolo de su obrar[23].

También la enfermedad mental, la inmadurez y la infancia, permiten actuar y actuar también dolosamente[24]. El homicida esquizofrénico conoce el efecto mortal de su hachazo exactamente lo mismo que un autor normal, y tampoco en él ese conocimiento cambia su decisión. La decisión y la manifestación de voluntad de un ladrón de manzanas son las mismas en un autor de trece años y en uno de dieciocho.

Por tanto, hay dolo sin culpabilidad, también cuando se considera el dolo como característica de la culpabilidad. La doctrina reinante toma en cuenta esa concepción cuando habla de dolo «natural». Por cierto que es mejor evitar esa denominación, pues el dolo, considerado en sí mismo, es siempre «natural»; otro no existe. Con los términos «dolo culpable» no se denomina otra cosa que el dolo que concurre con los demás elementos de la culpabilidad; pero, de ninguna manera, el dolo culpable es otro que el natural. En la idea de que el dolo natural no es el verdadero, vive el último resto de la opinión superada que identificaba el dolo con la culpabilidad.

Acaso se objete que como dolo «verdadero» y «auténtico» solo debiera ser considerado el Dolus malm; es decir, el dolo dirigido concientemente a lo malo, pues únicamente éste es imaginable como

---

[23] R. G. 64-30.

[24] Naturalmente, no todos los enfermos mentales.

culpable. Pero esto no es exacto para quienes distinguen dolo y conciencia de lo injusto, como tampoco para quienes suman la conciencia de la antijuridicidad al dolo; pues tampoco un dolo así concebido fundamenta, sin más, la culpabilidad y por tanto, no es preciso que sea «culpable».

Hasta la conciencia de lo injusto puede estar dada, sin que existan las demás características de la culpabilidad. Por cierto que «la decisión con sentido del valor en favor de lo injusto... no es otra cosa que la concreción de la capacidad de culpabilidad (legal) para la culpabilidad de cada acción finalista en particular»[25]. Sin embargo, una decisión al disvalor también es posible faltando la culpabilidad.

En primer lugar, es posible en situaciones de estado de necesidad. Quien se salva, a costa de una vida ajena, del peligro de su propia vida, creerá, por cierto bajo determinadas circunstancias, que él podía obrar así. Pero también es cierto que no lo cree siempre: cuando en un naufragio se resuelve dar preferencia a las mujeres y a los niños, un hombre que, con el fin de lograr un lugar en el bote, empuja al agua a un niño, es posible que crea que cumple una acción injusta; sin embargo, no puede ser objeto de reproche jurídico.

Aun el incapaz de culpa puede decirse que no obra sin conciencia de lo injusto; los jóvenes la poseen normalmente. Comúnmente ellos no son[26] incapaces de culpa, porque no pueden comprender lo injusto del hecho, sino porque carecen de la facultad para actuar de acuerdo con su comprensión. Fue precisamente esa circunstancia la que motivó la supresión del antiguo § 56, que hacía *depender* la responsabilidad de los menores solamente de su capacidad de comprensión.

En el enfermo mental puede —no debe— ser así. Hay psicosis que tienen un efecto muy pequeño en la esfera intelectual del enfermo, por lo que no enturbian en lo más mínimo la conciencia de lo injusto. La psiquiatría ofrece bastantes ejemplos, de los que resulta que el dolo que comprende la conciencia de la antijuridicidad, no es aún un dolo culpable; es solamente dolo «natural», del mismo modo

[25] WELZEL, *Z. St. W.*, 58, 533.
[26] Mientras no exista otra causa de incapacidad.

que el simple dolo de hecho, pues la conciencia de lo injusto es, en verdad, una característica de la culpabilidad, pero no la culpabilidad misma. Ella puede darse como fenómeno aislado, exactamente lo mismo que el dolo. Puede existir aun en casos en los que falta mucho para la culpabilidad.

Con lo expuesto queda demostrada la posibilidad de existencia de un dolo indiferente a la culpabilidad, sin abandonar por eso el lugar sistemático que corresponde al dolo en el concepto de la culpabilidad. Con ello nos acercamos, también, a la solución del problema de la accesoriedad, que aquí tratamos. El principio según el cual la participación debe ser independiente de la culpabilidad del autor, no tiene por qué entrar en conflicto con el otro por el que debe ser dependiente del dolo del hecho principal, pues un hecho doloso no es necesariamente culpable. Por tanto, quien exige un hecho principal doloso, no está por ese motivo en contradicción con el principio de la accesoriedad limitada.

Así planteadas las cosas, se presupone que ese principio, a su vez, tolera una limitación: debe ser posible entenderlo en el sentido de colocar la participación en situación de independencia de algunas —no de todas— las características de la culpabilidad. Si esto realmente es posible, es lo que vamos a analizar.

Debemos partir del hecho de que la ley quiere «aflojar» la accesoriedad tanto como sea posible. Por cierto que no lo dice *expresamente* en ninguna parte, pero se deduce de la regla que determina que la culpabilidad del autor y del partícipe deben determinarse en forma autónoma (§ 50, I). Con esa participación, no solo se rechaza la doctrina para la cual el partícipe merece pena porque ha conducido a otro a culpabilidad y pena, sino, también, se declara que la comprobación de la culpabilidad debe ser hecha para cada uno «de los participantes en un hecho», solo en la medida de las circunstancias que caracterizan su situación personal, su relación individual, con el hecho. Esto obliga a responder la pregunta decidiéndose, en principio, por la culpabilidad del partícipe, sin ninguna consideración de los elementos de culpabilidad que existen en la persona del autor principal.

Por otra parte, es seguro que el legislador nada quiso modificar de hecho —ni pudo hacerlo, en absoluto— en la naturaleza de la instigación y la complicidad, pues la participación no es, de ninguna manera, «íntegramente un producto de la ley»[27]. Ella tiene su propia «naturaleza de las cosas», que no puede ser transformada, sin más, por medio de una orden legal. Si una norma positiva interviene en ella, el resultado no será, por supuesto, transformar, sino anular las formas de participación.

Tal anulación no está, sin embargo, en el sentido de la ley, pues el Proyecto de 1943 conserva la distinción entre autoría, instigación y complicidad, deduciendo las consecuencias; pero esto significa que el principio de la accesoriedad limitada, tiene que tolerar las restricciones que son consecuencia de la estructura inmutable de la participación. A su vez, se lo debe limitar, basta donde sea necesario, a fin de que pueda haber, al lado de la autoría, instigación y complicidad, como formas especiales en la comisión del delito.

Por tanto, si pertenece al carácter de la participación su relación únicamente con acciones dolosas, la limitación de la accesoriedad nada puede modificar en la exigencia de un hecho principal doloso.

Ya dejamos señalado páginas más atrás que las formas de participación tienen, efectivamente, ese carácter. La totalidad del ulterior planteo de la cuestión que tenemos ante nosotros, se basa sobre ese concepto. Sin embargo, podría alegarse que hasta ahora no está aún suficientemente fundamentada, pues no ha sido deducida de la particularidad material de la instigación y la complicidad, sino de la función técnica que deben cumplir si el sistema de la ley ha de ser exacto. Sin embargo, está totalmente confirmada, recordando la propia naturaleza jurídica de las acciones de participación.

Es evidente que la instigación no puede ser otra cosa que la determinación de otro a un hecho doloso. Por cierto que es dudoso que ello resulte totalmente del sentido de las palabras «determinar» e «instigador», utilizadas en el texto legal. Cuando alguien ha sido inducido a un hecho no doloso, se puede decir, también, que ha sido «determinado» a él; y el inducido mismo puede quejarse de que ha sido «instigado» al hecho. Pero esto no es lo que aquí interesa. «Instigación» es un concepto jurídico, cuyo contenido está establecido de modo inmutable desde hace mucho tiempo; significa generar la decisión del hecho en otro. Instigar, por tanto, quiere decir instigar a un hecho *doloso*.

---

[27] Así MAX E. MAYER en su «*Lehrbuch*», p. 388.

No resulta tan claro que también la complicidad solo pueda tener lugar en un hecho doloso. Muchos son los que opinan que la complicidad es también imaginable en hechos culposos. Esto puede ser discutido con éxito. Quien presta auxilio o ayuda al hecho culposo de otro, o sabe que el autor obra culposamente, y entonces, al fomentarlo, se vale del autor como de su instrumento, transformándose así en autor mediato, o no lo sabe, y entran entonces en cuestión dos posibilidades: por una parte, el cooperante puede suponer que el autor principal obra con dolo; comete entonces tentativa de complicidad, punible en los crímenes (§ 49) e impune en los delitos. Por otra parte, es posible que el cooperante al igual que el autor, no prevea la concreción del tipo; queda fuera de consideración en el caso, la prestación de ayuda culposa y con ello la complicidad; en cambio, según las circunstancias, acaso podría haber autoría culposa propia (inmediata). No queda lugar, por tanto, para complicidad en un hecho culposo.

En contra de este planteo, suelen hacerse dos objeciones. La primera señala que pertenece a la autoría mediata, más que el hecho de utilizar como instrumento a quien actúa sin dolo, la «voluntad de autor»; la voluntad de cometer el hecho «como propio». Ello puede faltar en determinados casos. Quien ayuda a otro con mero *animus socii*, solo es cómplice, aun cuando el otro actúe sin dolo. Con tales presupuestos, también es concebible complicidad en un hecho culposo. El objeto para el cual fue limitada la accesoriedad de la participación es, precisamente, facilitar su punición. La segunda objeción señala la falta de equidad del resultado que decide que la prestación dolosa de ayuda a un hecho erróneamente tomado por doloso, debe quedar impune, bajo ciertas circunstancias (en delitos), mientras la cooperación culposa en un hecho ajeno se sanciona como autoría culposa. La verdad es que ninguna de esas dos objeciones hace al fondo del problema.

A la segunda objeción se le puede observar que la autoría culposa solo es posible donde la culpa está expresamente amenazada con pena por la ley. En estos casos, sin embargo, se podrá penar la prestación dolosa de ayuda —la que no es punible como complicidad, por falta de dolo del autor principal— como autoría culposa, pues aquí la contribución de hecho del cooperante se ha vuelto realmente eficaz y de manera no prevista por él, contra su deber. Con ello se logra un tratamiento homogéneo para la cooperación dolosa y la culposa y se evita, en todos los casos, que el ayudante resulte más favorecido en el primer caso que en el segundo.

La primera objeción falla en que, donde las características de la autoría están dadas objetivamente, la mera voluntad de cometer el hecho, pero no como propio, no puede transformar la culpabilidad del autor en culpabilidad del partícipe. Esto lo ha demostrado WELZEL irrefutablemente[28]. Aquel *animus socii* es una pura ficción, no una realidad psíquica. No ocurre que un delincuente reflexione sobre la calificación de su contribución de hecho; que se plantee a sí mismo si quiere el hecho como propio o como ajeno. Y si ocurriese, tal reflexión carecería de todo significado jurídico. Por la mera reserva mental de no querer el hecho como propio, nadie puede librarse de la responsabilidad como autor. Por último, tampoco el propio interés en el hecho puede ser equiparado a la voluntad de autor, ni su ausencia excluye la voluntad de autor, como antes ha quedado expuesto. El interés merece aún menos consideración, ya que la ley sanciona expresamente en varias figuras el obrar en interés ajeno como autoría. Así en la estafa y en la extorsión.

Así, pues, la complicidad debe ser delimitada de la autoría recurriendo a puntos de vista subjetivos. Pero el criterio decisivo no está dado por una voluntad vaga y difícilmente captable de cometer el hecho «no como propio», sino en una situación psíquica de hecho, totalmente concreta, consistente en la subordinación del propósito del cómplice a la decisión del hecho del autor principal. La naturaleza de esa subordinación ha sido descripta ilustrativamente en *R. G.*, 3/181: El partícipe «somete» su voluntad a la del autor, de tal forma que «deja librado a él si el hecho ha de llegar o no a la consumación». Esto no quiere decir que el cómplice quiera el hecho solo condicionalmente; eventualmente, para el caso de que el autor principal lo quiera. Su voluntad dirigida hacia la concreción del tipo, es absolutamente incondicional; pero está modificada —en el verdadero significado de la palabra— por la conciencia de que el hecho se producirá solo cuando el autor principal se decida realmente a él. Esa resolución decisiva sobre el sí del hecho, la deja el cómplice al autor principal. En tal sentido, «somete» su propósito a la decisión

[28] *Strafrecht*, p. 65. *Derecho penal*, § 15, v.

ajena. Ese «dejar librado» constituye el *animus socii*, si se quiere continuar con la fórmula tradicional. Califica la contribución al hecho del partícipe como una mera prestación de ayuda[29].

Resulta así, que la complicidad no es imaginable sino en relación con un hecho principal doloso, pues el cómplice puede subordinar su propia decisión en la forma descripta, únicamente al *dolo* del hecho de otro. La tesis sentada más atrás, según la cual solo puede tener *animus socii* quien presupone *animus autoris* en otro, queda así confirmada. La naturaleza real de la complicidad está elaborada de tal modo que solo puede ser prestada a un hecho doloso.

Por lo demás, también es peculiar a la instigación ese sometimiento a una decisión de hecho ajena. Precisamente, el instigador aspira a provocar esa decisión; pero también tiene que dejarla librada a que quiera realmente tomarla el autor principal. Solamente quien queda sometido de ese modo a una voluntad ajena, comete realmente instigación. En cambio, quien influye en otro, sea por engaño, sea por coacción, de tal modo que somete la voluntad ajena a la suya, es autor mediato. Aun cuando se quisiera objetar que la mera tradición no puede asegurar inmutabilidad a un instituto jurídico, aun entonces concluiríamos en que la instigación presupone un hecho principal doloso. Esto resulta también aquí de la naturaleza de las cosas.

Con ello ha encontrado solución el problema planteado al comienzo de este capítulo. La participación solo es posible en un hecho principal doloso. Por eso, la limitación de la accesoriedad solo puede llegar hasta donde queda asegurada la dependencia de las

---

29 Hemos seguido la exposición de WELZEL (*Strafrecht*, p. 56 y ss. y 62; *Derecho Penal*, ps. 103 y ss.). Este autor llega a la diferenciación entre autoría y participación, mediante el concepto del «dominio finalista del hecho»: es autor «quien es dueño del hecho, consciente de la finalidad». «Instigadores y cómplices no son dueños del hecho». Por eso WELZEL defiende un concepto primario de autor, mientras desde nuestro punto de vista, ese concepto debe ser definido «secundariamente»: autor es quien no es partícipe.
MAURACH (*Schuld und Verantwortung*, ps. 61 y ss.) define la relación entre autoría y participación de modo distinto a como lo hace la teoría imperante y también nosotros: «Es peculiar a toda participación el elemento de cierta corrupción que le es propia a otro; sea que la mala voluntad del instigador se transmita al que obra, sea que la propia mala voluntad de éste sea reforzada... (p. 61). En contradicción con ello, la autoría mediata no está bajo el signo de la corrupción, sino del abuso: «Quien abusa de otro para el hecho, tiene el dominio del hecho».

formas de participación, del dolo del hecho principal. Esa restricción en la accesoriedad limitada, es posible porque el dolo no constituye el total de la culpabilidad, sino una de sus varias características; de modo que la participación en un hecho doloso, no es, necesariamente, también participación en un hecho culpable.

III

¿Rigen los mismos principios también cuando se trata de la relación de la participación con la conciencia de lo injusto del autor principal? ¿Presupone la punición del instigador y del cómplice, así como es dependiente del dolo del autor principal, que el autor haya tenido también la conciencia de la antijuridicidad? ¿O resulta de la limitación de la accesoriedad que un error de prohibición del autor no tiene el efecto de transmitirse al partícipe?

La cuestión debe ser objeto de un análisis particular, pues, de acuerdo con el punto de vista que hemos defendido, el dolo no abarca la conciencia de lo injusto, ya que la solución encontrada para él, no es preciso que sea también correcta para ésta. En cambio, resulta del análisis, que, por principio, también se debe tratar accesoriamente la conciencia de lo injusto.

Lo primero, debe ser establecer que esa opinión es compatible con el principio de la dependencia limitada de la participación. La conciencia de la antijuridicidad, lo mismo que el dolo, es —al lado de otros— solo un elemento de la culpabilidad. Por eso un hecho cometido con pleno conocimiento de su prohibición, no es siempre un hecho culpable, y quien coopera en él puede resultar culpable, a pesar de que el autor principal sea inocente. Si se hace depender la punibilidad de los partícipes de la conciencia de lo injusto del autor principal, lo mismo queda lugar para una colaboración autónoma de la culpabilidad de los varios «participantes en un hecho», como lo dispone el § 5, I. También desde ese punto de vista, el fundamento de la punición del partícipe no es que haya llevado a otro a culpabilidad y pena, sino que «haya motivado o fomentado un hecho antijurídico socialmente intolerado»[30].

Hay que preguntarse, entonces, únicamente, si pertenece lo mismo a la naturaleza jurídica de la participación la vinculación con el conocimiento de la prohibición del autor principal, que la

30 WELZEL, *Strafrecht*, p. 65. *Derecho Penal*, p. 121.

relación con su dolo de hecho. La pregunta debe ser contestada afirmativamente. Así lo demuestra la casuística. La conciencia de la antijuridicidad, falta en ambos —autor y participante—, entonces ambos son inocentes por igual (o la culpabilidad es disminuida). Estos casos no presentan problemas. O él conocimiento de la prohibición falta en el autor, mientras que el partícipe lo tiene. En ese caso debe distinguirse si el error de derecho del autor es de tal naturaleza que elimina su culpabilidad o solamente la disminuye.

Si la excluye, pueden darse dos posibilidades: por una el cooperante puede suponer que el autor aprecia del mismo modo la situación jurídica; en tal caso no existe participación, sino tentativa de participación, cuya punibilidad se rige por lo dispuesto en el § 49 a. Por la otra, el instigador o ayudante ve el error de prohibición del autor. Solo este caso vamos a analizar.

Su peculiaridad está dada por el hecho de que el cooperante tiene al otro completamente en sus manos, por su mayor conocimiento. En tales circunstancias no puede decirse que él subordina su dolo a la decisión de hecho del otro; más bien, él domina la voluntad ajena, ya que solo el error sobre la situación jurídica motiva la decisión de hecho del actuante inmediato.

Por eso existirá en tales casos, las más de las veces, autoría mediata, especialmente cuando el tercero ha provocado en el autor el error de derecho. Ejemplo: A hace creer a B, hambriento, que la caza furtiva cometida por necesidad no constituye un hecho injusto; con ello lo induce a matar una pieza de caza. En ciertas circunstancias, también cuando el cooperante solamente aprovecha el error de derecho ya existente en el otro. Ejemplo: A, que sabe que B se cree facultado para remediar su situación de necesidad matando una pieza de caza, le presta su escopeta para que lo haga.

Por cierto que contra la aceptación de autoría mediata, también en este caso son de esperar objeciones. Por unas se negará que A tenga «voluntad de autor»; por otras se criticará que le falta el «dominio finalista del hecho». Para el punto de vista defendido aquí, esas objeciones no interesan. Pero, aun cuando interesaran, es dudosa la razón con la que se discute la existencia de las características de autor. A tiene, con el pleno conocimiento de la prohibición, también aquí el dolo de realizar la caza furtiva y, por cierto, por intermedio de B, cuyo hecho él debe hacer valer, necesariamente, como propio, ya que B, equivocado, no es otra cosa que un instrumento en sus manos. Es A quien ejecuta finalistamente el hecho en base a su propia decisión, aunque por intermedio de una acción ajena. La objeción solo podría sustentarse en la afirmación de que falta en A el interés en el hecho. Que ese criterio es erróneo, ha sido ya demostrado en el capítulo 2, II y en la última parte del punto II de este capítulo.

El finalismo insistirá en que su sistema conduce a una solución más sencilla; el dolo pertenece a la acción, la conciencia de lo injusto a la culpabilidad. Por tanto aquél se debe tratar accesoriamente, mientras que ésta no. Partiendo de allí, se puede aceptar, sin más, complicidad en la caza furtiva (WELZEL, *Strafrecht*, p. 81; *Derecho Penal*, § 15, III).

Así planteadas las cosas, habría que aceptar que en el primer caso hay instigación, a pesar de que no puede haber duda del dominio del hecho por parte del «motivador». Pero, además, hay casos para los que esa construcción falla en absoluto, tales como los de error, no sobre la prohibición del hecho, sino sobre una relación o situación de derecho que pertenece al tipo. Ejemplo: M está convencido de que las liebres no son consideradas piezas de caza; que conoce ese pensamiento, pero que sabe, además, cuál es la verdadera situación jurídica, le presta su escopeta para cazar. Aquí falta al autor el dolo, no solamente la conciencia de lo injusto. En este caso, la teoría finalista de la acción tampoco podría aceptar la existencia de participación, sino que tendría que sancionar por autoría mediata o dejar impune a N.

Por cierto que la autoría mediata no puede aceptarse cuando no están dadas en la persona del cooperante las particulares características objetivas y subjetivas, las cuales son presupuesto para la aplicación de pena al autor. Así ocurre, en primer término, cuando el que tiene conocimiento, motiva al que no lo tiene mediante informes jurídicos inexactos, a una lesión de deberes que solo es punible en la persona del que actúa inmediatamente. Pero, también en otros casos, puede estar excluida la autoría mediata.

Sancionar al que conoce, por participación en un hecho cometido con error de derecho excluyente de la culpabilidad, no es posible, a pesar de la accesoriedad limitada, pues ésta no puede convertir artificialmente en participación, lo que, de acuerdo a su naturaleza, no es participación.

Es diferente el caso de conocimiento deficiente de la prohibición por parte del autor, que no excluye su culpabilidad, sino que solamente la atenúa, porque el error es evitable. En este caso, el que obra no está entregado al tercero en la medida que sería necesario para poderlo considerar partícipe. Para que pueda ser sancionado realmente como partícipe, es preciso que subordine su dolo, del modo característico para la instigación y la complicidad, a la decisión de hecho del autor principal. Ese presupuesto se da efectivamente, en grupos de casos: uno formado por las situaciones en que el cooperante cree que el autor ve la situación de derecho; en ellas, el tercero concreta todas las características subjetivas y objetivas de una participación auténtica. El hecho de que al autor principal sea culpable en forma distinta de la que supone el partícipe —no con conciencia de lo injusto, sino bajo error de derecho evitable— es indiferente para la valoración de la culpabilidad del partícipe, de acuerdo con el § 50. La situación es parecida cuando el cooperante cuenta, al menos, con que el autor comprenderá lo injusto de su obrar; también en este caso deja librado al autor, necesariamente, la resolución decisiva sobre el «*sí*» del hecho.

Si el cooperante está en la convicción de que el que actúa inmediatamente, no conoce, ni puede conocer la antijuridicidad del hecho, tiene plena culpabilidad de autor. Sin embargo, también en este caso podrá ser sancionado como partícipe. El caso es comparable a aquel otro en que el tercero cree utilizar como instrumento a un incapaz de imputación, cuando instiga o ayuda, en realidad, a un imputable, debiendo ser juzgado el hecho con el mismo criterio: si existen objetivamente las características de la participación, aun cuando la medida de la culpabilidad las sobrepase, está justificada la aplicación de pena por participación.

CAPÍTULO III

LA PARTICIPACIÓN EN HECHOS PRINCIPALES DOLOSOS, PERO DISCULPADOS

Queda aún por examinar la última pregunta que nos liemos formulado en esta investigación: ¿alcanza al partícipe la exclusión de culpabilidad del autor principal por inexigibilidad de una conducta adecuada al derecho o, bajo el signo de la accesoriedad limitada, queda intacta la punibilidad de instigadores y partícipes?

El problema que se aborda no existe para quienes no reconocen tales fundamentos de disculpa y ven causas de justificación en las disposiciones legales en las que la doctrina imperante los ve reglamentados. (§§ 53, III, 52 y 54)[1].

Desde ese punto de vista, la complicidad y la instigación en acciones cumplidas en estado de necesidad, se presentan como participación en un hecho principal adecuado al derecho y con ello es sobreentendida su impunidad. Tal concepción, que en un tiempo se tuvo por superada, es defendida ahora nuevamente por WELZEL[2]. Con respecto a ella, tomaremos primero posición.

WELZEL rechaza la teoría reinante, porque ella considera el significado de la autodeterminación en el estado de necesidad de un modo unilateral psicológico. Ella enfoca el peligro de cuerpo y vida como si la «presión de motivación» del instinto de autoconservación fuera tan intensa que anulara «normalmente» la fuerza motivante

---

1 Naturalmente, con excepción del § 53, III. En ninguna parte se afirma que el exceso en la defensa legítima, cuando es cometido en estado de consternación, temor o susto, esté justificado. Quienes no quieren hacerlo valer como fundamento de disculpa, lo consideran como causa personal de exclusión de pena. (Así V. HIPPEL, II, p. 213).

2 *Strafrecht*, ps. 49 y ss.

de la imposición legal. Esa opinión no puede explicar con qué derecho es negado a determinadas personas (soldado, marino, policía, bombero) acogerse al estado de necesidad, tan pronto como se trata de peligros que profesionalmente están obligados a arrostrar. El poder del instinto de autoconservación no es en esos casos menor que en los demás. En verdad, no tiene significado la intensidad del motivo del hecho surgido de la necesidad, sino que la acción pueda ser aprobada desde el punto de vista ético-social. No se la puede aprobar en los casos en que el orden jurídico impone enfrentar el peligro aun a riesgo de la propia vida; sino la salvación de la propia existencia no merecería desaprobación, aun cuando fuere a costa de bienes jurídicos ajenos equivalentes o de mayor valor. Por eso falta a la acción de salvación, a pesar de causar un «disvalor del resultado», el otro elemento que sumado constituye la plena antijuridicidad, es decir, el «disvalor de la acción». Por tanto, no es antijurídica. La exactitud de esta solución la encuentra WELZEL confirmada en las consecuencias a las que conduce la teoría de la participación: solo ella hace posible que en la accesoriedad limitada quede impune la participación en un hecho ajeno en estado de necesidad; tal lo que impone la equidad.

Desde el punto de vista de la teoría imperante, la primera objeción es la que señala que no puede admitirse estado de necesidad en acciones que se oponen a la defensa legítima. A ello replica WELZEL que el hecho en estado de necesidad, a pesar de ser adecuado al derecho, no tiene, sin embargo, un derecho de necesidad que la otra parte tenga el deber de soportar. Puede por eso representar una agresión antijurídica, en el sentido del § 53, que el agredido no tiene por qué soportar. También están dados, por tanto, frente a él, los presupuestos de la defensa legítima.

Sin embargo, esa argumentación es, hasta cierto punto, extraña. Responde a la concepción fundamental de WELZEL: «no hay anti juridicidad unitaria; ella tiene, más bien, varios contenidos y, según ello, es, ora simple, ora compleja, etc.». Esta oración puede ser aceptada solamente en cuanto quiere decir que la *ratio essendi* de la anti juridicidad no es unitaria; que no reside solamente en la lesión de bienes jurídicos, sino que puede consistir también en otras manifestaciones, como, v.gr., en los elementos subjetivos de lo injusto. En cambio, hay que oponerse a esa tesis cuando ha de conducir a la conclusión de que una sola y misma acción puede ser valorada como adecuada y como contraria al derecho. La antijuridicidad puede encontrar sus motivos de existencia en circunstancias de diversa índole, pero, entendida como predicado de una conducta humana, solo puede ser unitaria. El concepto según el cual una acción en estado de necesidad es, por cierto, adecuada al derecho, pero no concede derecho de necesidad; que por una parte, es permitida y, por otra, es, sin embargo, una agresión antijurídica, contiene una contradicción. Revela que tal acción no es correctamente valorada por el juicio según el cual no merece desaprobación[3].

Efectivamente, ejemplos prácticos demuestran que, desde el punto de vista ético-social, no pueden escapar a Ja desaprobación. La duda solo puede quedar en los ejemplos académicos, como el de la «tabla de Carnéades». Pero, tan pronto como se consideran también las circunstancias bajo las cuales se cumplen acciones en estado de necesidad en la realidad de la vida, no puede haber duda de que a ellas no les falta, en verdad, tampoco el disvalor de acción. Es suficiente recordar aquí casos de naufragio, en los que hombres adultos empujan a niños al agua para tener ellos lugar en el bote salvavidas. El juicio del tribunal inglés que en el caso del «Mignonette» condenó a los autores a la pena capital, contiene esta notable oración: «No es necesario señalar el tremendo peligro que se crearía y se mantendría constantemente, si se aprobara el hecho». En ello el fallo del tribunal inglés es, a nuestro modo de ver, desacertado, porque no solo niega la justificación, sino también, la disculpa, Pero revela, sin embargo, que la renuncia al reproche de culpa es el extremo más favorable aplicable a quien actúa en estado de necesidad. El estado de necesidad no puede ser concebido de otra forma que como fundamento de disculpa[4].

---

[3] La tesis de que la antijuridicidad de la agresión se debe determinar desde el punto de vista del agresor y no desde el del agredido, es defendida por otros. Pero la conclusión de que es admisible defensa legítima contra una acción de agresión adecuada al derecho, no se saca en ninguna parte (FRANK, § 53, I, 2 b).

[4] Otro defecto de la teoría de Welzel está en que no puede explicar la limitación de la ayuda a los familiares, en los casos de necesidad, pues ayuda a la acción de necesidad no es otra cosa que participación en un hecho ajeno de estado de necesidad, que debiera ser impune en la misma medida que éste. WELZEL, debe aceptar aquí un error de la ley. En la misma dificultad se encontró la teoría de la disculpa, mientras regía aún el principio de la accesoriedad extrema.

Por cierto que esa disculpa requiere una fundamentaron clara y en esto es acertada la crítica de WELZEL cuando reprocha a la teoría reinante que se conforma con meras consideraciones psicológicas sobre la intensidad del instinto de autoconservación. Resulta claro que ese enfoque es insuficiente, si se compara la «exigibilidad de una conducta adecuada al derecho», como característica de culpabilidad, con los otros elementos de culpabilidad: capacidad de imputación, dolo y conciencia de lo injusto; es obvio que éstos no tienen el mismo carácter que aquélla.

Cuando falta la capacidad de culpa; cuando el que obra no sabe lo que hace o no reconoce que ejecuta un acto injusto, está excluida, necesariamente, la culpabilidad. Tales circunstancias restan al autor la posibilidad de obrar de modo adecuado al derecho, y esta posibilidad es el fundamento de todo juicio de culpabilidad. Cuando el autor se encuentra en estado de necesidad, la situación es distinta. Por cierto que también en este caso se oponen obstáculos a un actuar adecuado al derecho, pero no son insuperables en la misma medida que los que surgen de la incapacidad de imputación, de la ausencia de dolo y de la falta de conciencia de lo injusto. Los obstáculos no residen en esos hechos, sobre los cuales el autor no puede influir, sino que resultan de su particular naturaleza, a la que —posiblemente— falta capacidad de resistir y persistir y la fuerza de autolimitarse. La situación en que se encuentra el autor que obra en estado de necesidad no es, por tanto —contemplada únicamente en forma psicológica— diferente de la de un autor que en situación distinta encuentra otros estímulos para cometer el hecho, frente a los cuales es posible comprobar la fuerza moral de su personalidad. El motivo del hecho que genera el instinto de autoconservación, por efecto del peligro de cuerpo y vida, se distingue de otros motivos, quizás, (no siempre, por cierto) por la intensidad, pero no por su naturaleza. Así como esos instintos (de amor, odio, ánimo de lucro, temor a la vergüenza o a la pena) anulan, a secas, la posibilidad de actuar de acuerdo al derecho, aunque sean muy poderosos, tampoco tiene el instinto de autoconservación el poder para ello. Por eso un reproche de culpabilidad pudiera muy bien fundamentarse en hechos de estado de necesidad y por eso una interpretación puramente psicológica del estado de necesidad debe fracasar. Sin embargo, la doctrina que concibe el estado de necesidad (en el sentido de los §§ 52, 54) como fundamento de disculpa, no encuentra en absoluto su verdadera justificación en tal interpretación. Es necesario apoyarla sobre una base totalmente distinta. Es obvio que la ley al dejar impune el acto en estado de necesidad, ha querido tomar en consideración por esa única vez, la humana fragilitas general. En ello es decisivo más el factor ético que el psicológico. Tal defecto es menos reprochable que otros, que se manifiestan habitualmente (aunque no siempre) en acciones punibles. Por eso está justificado renunciar en hechos cometidos en estado de necesidad al afirmar el reproche de culpabilidad. El estado de necesidad es, por tanto, (como el estado de coacción), fundamento de disculpa, no porque excluya inevitablemente la culpabilidad, sino porque la acción de autosalvación, ante un peligro que amenaza la vida, debe ser perdonada.

Así se explica que los presupuestos de esa renuncia al reproche de culpabilidad, estén estrechamente limitados y que no sea admisible ninguna ampliación sobrepasando sus límites legales[5]; como también que la renuncia no proceda cuando el orden jurídico estatuye una obligación, aun en los casos de peligro de cuerpo y vida.

Es de considerar, pues, el estado de necesidad como un fundamento de disculpa y como tal, también en la teoría de la participación. De ello resulta, por cierto, que el principio de la accesoriedad limitada encuentra aplicación a él; y esto significa que una situación de estado de necesidad, existente solo en la persona del autor principal, no disculpa al partícipe. Algo distinto puede ocurrir cuando corresponda a la naturaleza jurídica de la instigación y Ja complicidad la exigencia de tener lugar solamente en un hecho principal no disculpado. Pero esto no se puede afirmar. La relación característica a la participación, de estar subordinada a una decisión ajena del hecho, no varía si el autor actúa bajo el efecto de la necesidad y es lo mismo que si no se encontrara en ese estado.

En ciertas oportunidades, la situación puede variar. Quien coacciona a otro para que ejecute un hecho antijurídico, le impone su voluntad y es, por tanto, autor mediato, no partícipe. Pero quien aconseja al coaccionado que ceda a la presión, de-

---

[5] Por eso no es posible deducir de los §§ 52 y 54 (y disposiciones semejantes) como fundamento general de disculpa la no exigibilidad de una conducta adecuada al derecho.

terminándolo con ello a acceder, no pasa del papel de instigador y como tal debe ser penado.

Quizás pueda esto aparecer como no equitativo. Pero también la punición del partícipe en hechos ajenos en estado de necesidad, puede aparecer como de una rigidez injusta[1]. Pero no valen las reflexiones puramente de equidad, pues hay también casos en los cuales la impunidad del partícipe sería intolerable. Piénsese en el ejemplo del naufragio, que antes dimos: ¿no merece pena quien decide a un hombre, en principio vacilante, a arrojar a un niño al agua para poderse salvar él mismo en el bote salvavidas? En verdad, la equidad no va más allá de dejar impune la instigación y la complicidad en acciones de estado de necesidad, en los casos en que el coautor siente la necesidad ajena como propia, porque el presionado inmediato está humanamente más cerca de él. Pero aquí también es posible una solución satisfactoria en el caso de que el partícipe sea familiar del autor (en el sentido del § 52), pues, como familiar, podría prestar ayuda de necesidad, sin culpa, en forma de autoría. Por tanto, está también disculpado cuando él limita su ayuda a acciones de participación. Si en este ámbito aun a veces no se pueden conseguir resultados adecuados, el defecto —si es un defecto— reside en la versión restringida del concepto «familiar» y no en el sistema en orden a la participación.

La investigación llega así al final. Alcanzamos la conclusión de que la transición a la accesoriedad limitada no ha logrado allanar todas las dificultades que se presentan en la participación. Las lagunas de la punibilidad resultan del hecho de que la tentativa de participación solo es punible en los crímenes (no en los delitos); de que, con ambos criterios, de la imposibilidad de admitir autoría, no se puede decidir siempre la posibilidad de penar por participación. Por una parte podría solucionarse mediante una modificación del § 49 a, que amenace con pena la tentativa de instigación y complicidad también en delitos, pero por la otra, una nueva modificación de las disposiciones sobre participación, no conduciría a nada, pues en ciertas circunstancias, pueden concretarse tipos penales en forma que no constituyan ni autoría, ni participación. Esos casos nunca podrán ser comprendidos mediante un

---

[6] V. HIPPEL, «*Strafrecht*», II, p. 236.

manipuleo legal de las disposiciones sobre participación. Si se los quiere penar, deberán crearse tipos específicos.

Estas comprobaciones no deben ser interpretadas como sugerencias al legislador. Nadie querrá hablar en favor de una ampliación del ya ilimitado § 49 a, y tender un puente que cubra la distancia que separa a la autoría de la participación; mediante disposiciones casuísticas especiales, no se logrará nunca. También debe ser puesto en duda que exista una necesidad de hacerlo, pues solo debe ser reformada la ley en cuanto impone sanciones no justas. El hecho de que falte una posibilidad de punición, siempre puede tolerarse.

RELACIONES ENTRE AUTORÍA Y LA PARTICIPACIÓN,
de PAUL BOCKELMANN, se imprimió
en la República Argentina en agosto de 2020.

www.ingramcontent.com/pod-product-compliance
Ingram Content Group UK Ltd.
Pitfield, Milton Keynes, MK11 3LW, UK
UKHW051914031026
15588UKWH00008B/1464

9 789563 928334